بِسْمِ اللَّهِ الرَّحْمَنِ الرَّحِيمِ

MUHAMMAD 

Un authentique portrait du Prophète

MUHAMMAD ﷺ

Un authentique portrait du Prophète

MINHAJ-UL-QURAN INTERNATIONAL

Publié par

Minhaj Publications France	Minhaj-ul-Quran Publications
1 rue de la Prévôté	30 Brindley Road
93120 La Courneuve	Manchester
	M16 9HQ

Equipe de traduction :

Assad Siddique, Adile Khawaja, Sofiane Bouarif, Shuaib Ashfaq & Mr. & Mme Jhumka.

ISBN : 978-1-913553-33-3

www.minhaj.org | www.minhaj.fr
www.minhajpublications.com

Première publication : Octobre 2021

à l'occasion du 12 *Rabbi' Al-Awwal* 1443

LES TRAITS DE L'ISLAM

L'AMOUR
LA MISÉRICORDE
LA COMPASSION
LA BONTÉ
L'OUVERTURE
D'ESPRIT
LA TOLÉRANCE
LA BIENVEILLANCE
LE PARDON
L'INDULGENCE
L'ALTRUISME
LA CHARITÉ
LA PAIX
LA MODÉRATION

LE CARACTÈRE DU SAINT

SES ENSEIGNEMENTS TRADUISENT :

> **1. L'OCTROI DE LA FACILITÉ EN**
>
> ENLEVANT LES DIFFICULTÉS
> ALLÉGEANT LES FARDEAUX
> CRÉANT LE CONFORT
> DONNANT LA
> BONNE DIRECTION

Il a rigoureusement condamné l'extrémisme sous toutes ses formes.

> **2. LA MODÉRATION**
>
> L'ÉQUILIBRE
> LA VOIE DU JUSTE MILIEU/
> ÉVITER LES EXTRÊMES
> RENDRE LE MAL PAR LE BIEN
> LUTTER POUR LA PAIX
> FAIRE PREUVE DE COMPASSION
> ŒUVRER POUR LA RÉCONCILIATION

Il est l'Exemple Idéal pour l'Humanité.

PROPHÈTE EST MISÉRICORDE

<table>
<tr><td colspan="1" align="center">3. LA TOLÉRANCE</td></tr>
<tr><td>L'AMOUR
LA BONTÉ
LE PARDON
LA PATIENCE
LE RESPECT</td></tr>
</table>

Un modèle d'immense patience et de douceur.

<table>
<tr><td align="center">4. L'INDULGENCE</td></tr>
<tr><td>LA DOUCEUR
LA GÉNÉROSITÉ
LA BIENVEILLANCE
LA CLÉMENCE
L'ÉQUANIMITE FACE AUX
DÉFAUTS DES AUTRES</td></tr>
</table>

Il est le plus généreux, le plus hospitalier et le plus avenant à l'égard de tous.

SOMMAIRE

Préface

*"Les psaumes chantés par toute la terre.
Qui rend témoignage de Mahomet ? Lui-même."
Blaise Pascal, Les pensées*

Editer un énième ouvrage sur le prophète n'est pas une mince affaire. Pour le croyant, il s'agit de se hisser à la hauteur de la plus noble des créatures pour tenter, avec les quelques mots bien sommaires dont nous disposons, de perpétuer le souvenir du dernier Messager, de celui qui fut envoyé en tant que "Miséricorde pour les mondes". Cette tâche est encore plus délicate en contexte occidental, là où son nom a été avili, moqué des siècles durant dans les langues que nous employons. A l'imposteur perfide du Moyen-Age latin a succédé la figure du guerrier sanguinaire construite par l'islamophobie contemporaine. L'histoire des représentations de la figure du Prophète en Occident n'a pas non plus été, loin s'en faut, qu'une longue litanie de moqueries et de vilenies. On retrouve çà et là, quelques auteurs comme Hugo ou Lamartine qui ont su rendre, dans une langue délicieuse, l'affection ainsi que l'admiration sans bornes que lui porte le commun des musulmans. C'est précisément dans cet illustre sillage que souhaite s'inscrire ce présent ouvrage, en partageant au public francophone quelques fragments de la vie et du message du Prophète de la Miséricorde, afin que croissent la foi et la dévotion de ceux qui en ont déjà accepté le message et que s'attendrissent les cœurs de ceux qui l'ont jusque-là ignoré, par méprise ou par inadvertance.

Outre cette calomnie qui a assez duré, l'ouvrage entend également lutter contre certaines représentations fautives véhiculées par les musulmans eux-mêmes, au premier rang desquels se trouvent ceux qui ont cru y voir un modèle justifiant leurs pulsions morbides abjectes. Qu'ils soient maudits pour tout le tort qu'ils ont fait à sa mémoire ! Le Prophète

Muhammad ﷺ est bien loin du tyran froid et sanguinaire censé inspirer leurs atrocités. Dans une moindre mesure, ceux qui se complaisent dans l'image faussement laudative du "grand homme" hégélien chère à Carlyle, qui s'honorent de pareille flatterie de la part d'un grand auteur et perpétuent ce cliché se trompent tout autant. Il s'agit là d'une autre déclinaison du complexe d'infériorité qu'ont éprouvé une bonne partie des élites musulmanes face au triomphe du colonialisme occidental. Il leur fallait présenter une image du Prophète qui puisse plaire au public occidental, en le présentant sous les auspices d'un fondateur de République puissant, qui a su faire régner l'ordre dans une Arabie bédouine en proie au chaos et à l'anarchie. Ils ont, ce faisant, eu tendance à réduire la portée universelle du message qu'il portait, en assimilant ses enseignements et les rites qu'il a institués, à des accommodements purement contingents et susceptibles d'être supplantés à mesure que l'humanité avance dans la voie du progrès. Cette approche sécularisante, adoptée par des musulmans demeurés béats devant la démonstration de force de l'Occident à l'aube de la modernité, qui ne retiennent de la geste prophétique que l'habileté guerrière et se gaussent du fait de pouvoir le placer dans une galerie de conquérants impétueux allant d'Alexandre le Grand à Napoléon, a le grand tort de minimiser son rôle premier de guide spirituel, au point de faire de la Révélation qu'un simple accident dans une carrière politique glorieuse. Toutes aussi erronées sont les approches de ceux qui n'en font qu'un simple véhicule passif de la Révélation qui ne fait que transmettre fidèlement ce qu'il a reçu, le dépersonnifiant complètement. Bien au contraire, la miséricorde du Prophète tient à ce qu'il incarne pleinement la Révélation et que celle-ci trouve une illustration dans chacun de ses actes, même les plus anodins. D'où l'intérêt de présenter un portrait sensible, quasi charnel du Prophète, pour contempler la façon dont il manifeste à son Seigneur sa dévotion à chaque instant et en toute circonstance.

Le texte ici présenté prend la forme d'un court opuscule, d'une dimension équivalente à celle d'un pamphlet. L'ouvrage ne vise aucunement l'exhaustivité. Il s'agit plutôt de présenter, dans un style alerte et agréable, quelques-uns des traits saillants du Prophète. Les plus érudits auront tout le loisir de se reporter utilement aux nombreuses données bibliographiques dont fourmillent les notes de bas de page. Par cet ouvrage, nous entendons avant tout faire œuvre de témoignage et dresser l'ébauche du portrait de celui pour lequel vibrent tant de cœurs à travers le monde. Contrairement à ce qu'affirmait Pascal, Muhammad ﷺ demeure la personne la plus louée à la surface de la Terre. Les centaines de millions de pèlerins qui affluent chaque année vers sa tombe en atteste tandis que des louanges lui sont adressées continuellement par les fidèles du monde entier, sous la forme d'invocations liturgiques ou d'odes resplendissantes exprimées dans l'ensemble des langues vernaculaires ayant connues l'influence de l'Islam. Il est temps qu'en français également, le blâme cède la place à l'éloge, et que ces paroles immondes colportées depuis des siècles soient supplantées par la majesté d'un témoignage fidèle qui laisse entrevoir quelques éclats de la miséricorde prophétique. Il incombe aux croyants de porter témoignage devant les gens, et d'attester de la sincérité de leur noble Messager, de sa grandeur et de son rang élevé, afin d'élargir le cercle de ses disciples, œuvrant sur la voie de rectitude et que nul ne prétende, que dans l'obscurité insondable dans laquelle nous nous trouvons plongés, la Pleine Lune, scintillante aux mille éclats, ne lui soit pas apparue, aussi resplendissante que l'aube d'un jour radieux.

Première Partie

Aperçu des attributs Muhammadiens

Au sein de la tradition musulmane, le Saint Prophète Muhammad ﷺ
est présenté comme le parangon de l'humanité. Il vit le jour
dans la cité de la Mecque, en Arabie à l'aube du douze de Rabi'
al-Awwal[1], l'année de l'Éléphant[2] (570), quelques cinquante-
deux jours après l'assaut d'Abraha sur la *Kaʿba*.

1. LA GENÈSE : Dieu manda Son Bien-aimé comme miséricorde
   pour la création. Il était celui dont l'essence sera la source
   de toutes les autres créations, béni et choyé par la lumière
   divine. Le Prophète ﷺ se décrit ainsi : "La première création
   à laquelle Dieu donna forme fut la lueur de votre Prophète ﷺ,
   à partir de Son reflet."[3]

2. La lueur du Prophète ﷺ désigne son âme noble et estimable.
   La formule "à partir de Son reflet" ne signifie guère que
   l'essence prophétique forme une partie de Dieu ou qu'elle
   constitue un de Ses attributs. Gloire à Lui ! Dieu est au-
   dessus de toutes ces formes et ces désignations qui relèvent
   de l'ordre de la création.

---

[1] Du calendrier Hégirien qui se fonde sur un cycle lunaire.

[2] L'année de l'éléphant est une date commune aux Mecquois qui fait
référence à l'attaque à dos d'éléphant du gouverneur Abraha sur la Mecque.
Il fait l'objet du récit coranique au sein du chapitre de l'éléphant.

[3] Rapporté par •ʿAbd al-Razzāq dans *al-Muṣannaf (al-Juzʾ al-Mafqūd)*,
pp. 63–66 §18. •Abū Saʿd al-Naysābūrī dans *Sharaf al-Muṣṭafā* ﷺ,
1:305–313, §79–80. •al-Qasṭallānī dans *al-Mawāhib al-Ladunniyya
biʾl-Minaḥ al-Muḥammadiyya*, 1:71–75. •Ibn Ḥajar al-Haytamī al-
Makkī dans *al-Fatāwā al-Ḥadīthiyya*, p. 85 §44. •Ibn Abī Bakr al-
Ashkhar dans *Sharḥ Bahja al-Maḥāfil wa Bughya al-Amāthil fī Talkhīṣ
al-Muʿizāt wa al-Siyar wa al-Shamāʾil of al-ʿĀmirī*, 1:15. •al-Ḥalabī dans
Insān al-ʿUyūn fī Sīra al-Amīn al-Maʾmūn ﷺ, 1:47, 214. •al-Zurqānī
dans *Sharḥ al-Mawāhib al-Ladunniyya biʾl-Minaḥ al-Muḥammadiyya*,
1:89–96; 5:261. •al-Durdīr dans *al-Sharḥ al-Ṣaghīr ʿalā Aqrab al-
Masālik ilā Madhhab al-Imām Mālik*, 4:778–779. •al-Ṣāwī dans *Bulgha
al-Sālik li-Aqrab al-Masālik ilā Madhhab al-Imām Mālik*, 4:778–779;
& dans *Ḥāshiya ʿalā Tafsīr al-Jalālayn*, 1:271.

3. La formule "A partir de Son reflet" sous-entend que Dieu façonna l'âme du Prophète Muhammad ﷺ pour en faire Sa première création et ceci sans étape intermédiaire aucune, tel que le veut pourtant l'usage dans le processus de création [1] Rien ni personne ne précède cet acte premier de la genèse.

4. L'expression "A partir de Son reflet" souligne la gloire toute particulière de cet acte divin, indiquant ainsi le statut hautement estimable et l'honneur exceptionnel de celui dont la genèse miraculeuse fut une grâce du Seigneur.

5. D'ailleurs, un vocable semblable se discerne très nettement au sein du récit coranique mentionnant la naissance de l'humanité à partir d'Adam, ainsi que celle de Jésus. Il est narré quant à la création des humains : ﴾*puis Il lui donna sa forme parfaite et lui insuffla de Son Esprit.*﴿ [Coran: 32:9.]

   Ou encore, concernant la création d'Adam : ﴾*Quand Je l'aurai bien formé et lui aurai insufflé de Mon Esprit, jetez-vous devant lui, prosternés.*﴿ [Coran: 38:72.]

   Une expression similaire fut employée pour Jésus : ﴾*Le Messie Jésus, fils de Marie, n'est qu'un Messager d'Allah, Sa parole qu'Il envoya à Marie, et un souffle (de vie) venant de Lui. Croyez donc en Allah et en Ses messagers. Et ne dites pas "Trois". Cessez ! Ce sera mieux pour vous. Allah n'est qu'un Dieu unique.*﴿ [Coran: 4:171.]

6. Ainsi, la genèse miraculeuse et bénie de la lueur (l'âme) du bien-aimé de Dieu fut mentionnée dans un autre récit prophétique : "La première création à laquelle Dieu donna vie fut ma lueur (âme)."[2]

---

[1] La coutume de Dieu (Sa Sunnah dans la tradition islamique) veut que la création soit un processus continu, au sein duquel l'enfant succède aux parents et ainsi de suite. Cette chaîne généalogique de la création remonte au premier acte créateur de Dieu, par lequel Il façonna l'âme du Prophète Muhammad ﷺ.

[2] Rapporté par •al-Muẓhiri dans *al-Mafātīḥ fī Sharḥ al-Maṣabīḥ*, 1:199 §73. •al-Ījī dans *al-Mawāqif*, 2:686. •al-Jurjānī dans *Sharḥ al-Mawāqif*, 6:254. •al-Fīrūzābādī dans *al-Maghānim al-Maṭāba fī Maʿālim Ṭāba*, 1:137. •Niẓām al-Dīn al-Naysābūrī dans *Gharāʾib al-Qurʾān wa*

7. Premier au sein de la longue lignée de la Prophétie ﷺ, il annonça : "J'étais Prophète ﷺ alors qu'Adam se trouvait entre l'âme et le corps."[1]

8. Mettant pourtant un terme à cette noble lignée, il annonça également : "Je fus le premier parmi les Prophètes mais le dernier à être délégué (sur terre)."[2]

9. Son apostolat s'énonce ainsi : "Je suis le dernier de tous les Prophètes et aucun autre ne me fera suite"[3] Ainsi, il affirma mettre un terme au processus divin de l'envoi de prophètes ou de messagers[4] suite à son "avènement".[5]

Raghā'ib al-Furqān, 1:407; 2:19; 3:196; 4:388, 539; 5:463. •Ibn al-Malak dans *Sharḥ Maṣābīḥ al-Sunna*, 1:8, 114. •Ibn Abī Bakr *al-Ashkhar dans Sharḥ Bahja al-Maḥāfil wa Bughya al-Amāthil fī Talkhīṣ al-Muʿjizāt wa al-Siyar wa al-Shamā'il* of al-ʿĀmirī, 1:15. •al-Qasṭallānī dans *al-Mawāhib al-Ladunniyya bi'l-Minaḥ al-Muḥammadiyya*, 1:74. •al-Diyār Bikrī dans *Tārīkh al-Khamīs fī Aḥwāl Anfas al-Nafīs*, 1:19. •Ibn Ḥajar al-Haytamī al-Makkī dans *al-Fatāwā al-Ḥadīthiyya*, p. 380 §370. •al-Mullā ʿAlī al-Qārī dans *Sharḥ al-Shifā*, 1:509, 514; 2:126; & dans *Mirqāt al-Mafātīḥ Sharḥ Mishkāt al-Maṣābīḥ*, 1:169. •al-Ḥalabī dans *Insān al-ʿUyūn fī Sīra al-Amīn al-Ma'mūn* ﷺ, 1:214. •al-Zurqānī dans *Sharḥ al-Mawāhib al-Ladunniyya bi'l-Minaḥ al-Muḥammadiyya*, 1:94.

[1] Rapporté par •Aḥmad b. Ḥanbal dans *al-Musnad*, 4:66 §16647; 5:59, 379, §§20615, 23260. •al-Tirmidhī dans *al-Sunan*, 5:585 §3609. •al-Ḥākim dans *al-Mustadrak*, 2:665 §§4209–4210. •Ibn Abī Shayba dans *al-Muṣannaf*, 7:329 §36553. •al-Maqdisī dans *al-Aḥādīth al-Mukhtāra*, 9:142–143 §§123–124. •al-Ṭabarānī dans *al-Muʿjam al-Awsaṭ*, 4:272 §4175; & dans *al-Muʿjam al-Kabīr*, 12:92, 119 §§12571, 12646; 20:353 §833. •Abū Nuʿaym dans *Ḥilya al-Awliyā' wa Ṭabaqāt al-Aṣfiyā'*, 7:122; 9:53; & dans *Dalā'il al-Nubuwwa*, 1:48 §8. •al-Bukhārī dans *al-Tārīkh al-Kabīr*, 7:374 §1606.

[2] Rapporté par •al-Ṭabarānī dans *Musnad al-Shāmiyyīn*, 4:34–35 §2662. •Tamām al-Rāzī dans *al-Fawā'id*, 2:15 §1003. •al-Baghawī dans *Maʿālim al-Tanzīl*, 3:508.

[3] Rapporté par •al-Tirmidhī dans *al-Sunan*, 4:499 §2219.

[4] Au sein de la culture islamique, une différence est opérée entre le prophète (Nabi') et le messager (Rasûl). Le second étant porteur d'une législation nouvelle alors que le premier ne fait que confirmer et affirmer une précédente législation.

[5] Rapporté par •Ibn Ḥibbān dans *al-Ṣaḥīḥ*, 14:316 §6406.

10. Il disait également en ce sens : "J'ai parachevé le palais de la prophétie et il ne subsiste aucune place pour un autre bloc."[1]

11. Il vécut comme orphelin, son père ʿAbd Allāh, disparut avant sa naissance puis sa mère, Amina, décéda alors qu'il était en bas âge.

12. son apparence : Fortement bâti, décrit comme ayant de larges épaules[2] ainsi qu'un ample torse, l'abdomen ferme. Son enveloppe entière dégageait une impression de vigueur[3].[4] On pouvait apercevoir entre ses épaules le Sceau de la prophétie.[5] Le teint blanc orné de nuances teintées de rose.[6] Sans sa chemise, son corps était statuesque.[7]

Le cou comme une colonne d'argent.[8] La denture blanche et régulière, légèrement espacée.[9]

---

[1] Rapporté par •al-Bukhārī dans *al-Ṣaḥīḥ*, 3:1300 §3341–3342. •Muslim dans *al-Ṣaḥīḥ*, 4:1791 §§2286–2287.

[2] Rapporté par •al-Bukhārī dans *al-Ṣaḥīḥ*, 3:1303 §3358. •Muslim dans *al-Ṣaḥīḥ*, 4:1818 §2337. •Aḥmad b. Ḥanbal dans *al-Musnad*, 4:281 §18496. •al-Tirmidhī dans *al-Shamāʾil al-Muḥammadiyya wa Khaṣāʾiṣ al-Muṣtafwiyya*, p. 30 §3.

[3] Le sceau de la prophétie était une tâche noire qui était caractéristique du sceau des prophètes, déjà annoncé au sein des révélations anciennes.

[4] Rapporté par •al-Tirmidhī dans *al-Shamāʾil al-Muḥammadiyya wa Khaṣāʾiṣ al-Muṣtafwiyya*, p. 36 §8. •Ibn Ḥibbān dans *al-Thiqāt*, 2:145–146. •al-Ṭabarānī dans *al-Muʿjam al-Kabīr*, 22:155 §414. •Ibn Saʿd dans *al-Ṭabaqāt al-Kubrā*, 1:422. •al-Bayhaqī dans *Dalāʾil al-Nubuwwa*, 1:304.

[5] Rapporté par •al-Bukhārī dans *al-Ṣaḥīḥ*, 3:1301 §3348. •Muslim dans *al-Ṣaḥīḥ*, 4:1823 §2345–2346.

[6] Rapporté par •Aḥmad b. Ḥanbal dans *al-Musnad*, 1:116 §944. •al-Rūyānī dans *al-Musnad*, 2:318 §1280. Ibn Saʿd dans *al-Ṭabaqāt al-Kubrā*, 1:416. •al-Tirmidhī dans *al-Shamāʾil al-Muḥammadiyya wa Khaṣāʾiṣ al-Muṣtafwiyya*, p. 40 §12. •al-Bayhaqī dans *Dalāʾil al-Nubuwwa*, 1:241.

[7] Rapporté par •al-Tirmidhī dans *al-Shamāʾil al-Muḥammadiyya*, p. 40 §12. •al-Bayhaqī dans *Dalāʾil al-Nubuwwa*, 1:241.

[8] Rapporté par •al-Tirmidhī dans *al-Shamāʾil al-Muḥammadiyya wa Khaṣāʾiṣ al-Muṣtafwiyya*, p. 36 §8. •Ibn Ḥibbān dans *al-Thiqāt*, 2:146. •al-Ṭabarānī dans *al-Muʿjam al-Kabīr*, 22:155 §414.

[9] Rapporté par •al-Dārimī dans *al-Sunan*, 1:44 §58. •al-Tirmidhī dans

Heureux, son visage rayonnait telle la pleine lune.[1] On apercevait une lueur émanant d'entre ses dents lorsqu'il parlait.[2] Ses traits étaient merveilles, son apparence simplement prodigieuse. Pieds et mains imposant et parfaitement dessinés, paumes et plantes légèrement rebondies.[3] Entièrement imberbe des pieds, l'eau ruisselait dessus sans y demeurer.[4]

Le pas ferme, d'une allure vive, il semblait quelque peu incliné lorsqu'il se mettait en marche, comme s'il arpentait une pente.[5] Les gens qui le suivaient étaient amenés à accélérer la cadence mais peinaient à le suivre.[6] Suivi par des indigents, sa démarche se faisait plus lente. Il leur adressait des prières et leur procurait des montures.

Son souhait était toujours de voir ses Compagnons ﷺ lui précéder le pas afin de ne pas les léser.[7]

SES HABITUDES

13.Il était d'une générosité sans faille, une amabilité toute naturelle, une certaine douceur enveloppée d'un courage à toute épreuve, le tout couronné d'une profonde humilité.

---

al-Shamā'il al-Muḥammadiyya wa Khaṣā'iṣ al-Muṣṭafwiyya, p. 41 §15. •al-Ṭabarānī dans *al-Muʿjam al-Awsaṭ*, 1:235 §767.

[1] Rapporté par •al-Bukhārī dans *al-Ṣaḥīḥ*, 3:1305 §3363. •Muslim dans *al-Ṣaḥīḥ*, 4:2127 §2769.

[2] Rapporté par •al-Dārimī dans *al-Sunan*, 1:44 §58. •al-Tirmidhī dans *al-Shamā'il al-Muḥammadiyya wa Khaṣā'iṣ al-Muṣṭafwiyya*, p. 41 §15.

[3] Rapporté par •al-Bukhārī dans *al-Ṣaḥīḥ*, 5:2212 §5567.

[4] Rapporté par •al-Tirmidhī dans *al-Shamā'il al-Muḥammadiyya wa Khaṣā'iṣ al-Muṣṭafwiyya*, p. 37 §8. •Ibn Ḥibbān dans *al-Thiqāt*, 2:146. •al-Ṭabarānī dans *al-Muʿjam al-Kabīr*, 22:155–156 §414.

[5] Rapporté par •Aḥmad b. Ḥanbal dans *al-Musnad*, 1:127 §1053. •al-Tirmidhī dans *al-Sunan*, 5:598 §3637.

[6] Rapporté par •Aḥmad b. Ḥanbal dans *al-Musnad*, 2:350, 380 §§8588, 8930. •al-Tirmidhī dans *al-Sunan*, 5:604 §3648.

[7] Rapporté par •Aḥmad b. Ḥanbal dans *al-Musnad*, 3:397–398 §15316. •al-Dārimī dans *al-Sunan*, 1:35–37, §45.

Son regard se tournait régulièrement vers le sol et sa pudeur semblait plus grande encore que celle d'une jeune mariée.[1]

14. Ses silences étaient abondants et son rire rare. Néanmoins, l'humour lui plaisait et le sourire des autres lui importait beaucoup.[2]

15. En compagnie d'autrui, il n'était jamais le premier à se retirer. Serrant la main d'un fidèle, il n'abandonnait jamais la poigne de son compagnon avant que celui-ci ne s'y décide. Si on lui murmurait à l'oreille, il ne détournait jamais son ouïe avant d'avoir satisfait la requête du quémandeur.[3]

16. Compatissant et affectueux, plus encore à l'égard des femmes, des indigents et des enfants. Il accomplissait ses promesses sans jamais faillir.[4]

17. Béni d'une telle grâce, splendeur et gloire que les gens prenaient place tout autour de lui où qu'il soit. Son aura était telle que le peuple était d'un silence religieux lors de ses assises au point où on considérait qu'un oiseau sur leurs têtes ne se serait point envolé.[5]

18. Lorsqu'une bonne nouvelle était annoncée, sa réaction était immuablement la prosternation comme signe de reconnaissance et d'humilité. Son visage brillait comme la

---

[1] Rapporté par •al-Bukhārī dans *al-Ṣaḥīḥ*, 5:2263 §5751. •Muslim dans *al-Ṣaḥīḥ*, 4:1809, §2320.

[2] Rapporté par •Aḥmad b. Ḥanbal dans *al-Musnad*, 5:86 §20829. •al-Ṭayālisī dans *al-Musnad*, 1:105 §771.

[3] Rapporté par •Ibn Saʿd dans *al-Ṭabaqāt al-Kubrā*, 1:378. •Abū al-Shaykh al-Aṣbahānī dans *Akhlāq al-Nabī ﷺ wa Ādābuhū*, 1:211 §59. •Abū Nuʿaym dans *Ḥilya al-Awliyāʾ*, 3:26.

[4] Rapporté par •al-Bukhārī dans *al-Ṣaḥīḥ*, 5:1987 §4890. •Aḥmad b. Ḥanbal dans *al-Musnad*, 2:185 §6733. •Ibn Mājah dans *al-Sunan*, 2:1329 §4010. •Ibn Ḥibbān dans *al-Ṣaḥīḥ*, 11:444 §5058. •Abū Dāwūd dans *al-Sunan*, 3:82 §2758.

[5] Rapporté par •Aḥmad b. Ḥanbal dans *al-Musnad*, 4:278 §18476–18477. •Abū Dāwūd dans *al-Sunan*, 4:3 §3855. •al-Ṭabarānī dans *al-Muʿjam al-Awsaṭ*, 8:5 §7782.

pleine lune.[1] Son discours était à toute heure accompagnée d'un merveilleux sourire.[2]

19. Son rapport à l'autre imposait à tous le sens de la conciliation et de l'entraide.[3]

20. Sollicité, le quémandeur était toujours satisfait de sa réponse. S'il ne pouvait répondre à la doléance, il s'efforçait de la réaliser plus tard.[4] Jamais dans ses propos n'apparaissaient le refus ou la négation.[5]

21. Lorsqu'on sollicitait son aide, il l'apportait s'il était en mesure de le faire. Sinon, il demeurait silencieux.[6]

22. Son oreille n'était pas à l'écoute de ceux qui proférait de mauvaises paroles et médire était impossible en sa présence.[7]

23. Son discours était distingué, au point où il fut dit que ses mots étaient aisément dénombrables.[8]

---

[1] Rapporté par •al-Bukhārī dans *al-Ṣaḥīḥ*, 3:1305 §3363. •Muslim dans *al-Ṣaḥīḥ*, 4:2127 §2769. •Aḥmad b. Ḥanbal dans *al-Musnad*, 3:458 §15827.

[2] Rapporté par •Abū al-Shaykh al-Aṣbahānī dans *Akhlāq al-Nabī ﷺ wa Ādābuhū*, 2:17 §207.

[3] Rapporté par •al-Bukhārī dans *al-Ṣaḥīḥ*, 5:2253 §5718. •Muslim dans *al-Ṣaḥīḥ*, 4:1983 §2559.

[4] Rapporté par •al-Tirmidhī dans *al-Shamāʾil Muḥammadiyya*, p. 294 §356. •al-Maqdisī dans *al-Aḥādīth al-Mukhtāra*, 1:181 §88. •Ibn Abī al-Dunyā dans *Makārim al-Akhlāq*, p. 118 §390.

[5] Rapporté par •al-Bukhārī dans *al-Ṣaḥīḥ*, 5:2244 §5687. •Muslim dans *al-Ṣaḥīḥ*, 4:1805 §2311.

[6] Rapporté par •al-Tirmidhī dans *al-Shamāʾil Muḥammadiyya*, p. 278 §337. •al-Ṭabarānī dans *al-Muʿjam al-Kabīr*, 22:158 §414.

[7] Rapporté par •al-Tirmidhī dans *al-Shamāʾil Muḥammadiyya*, p. 278 §337.•al-Ṭabarānī dans *al-Muʿjam al-Kabīr*, 22:158 §414; w; dans *al-Aḥādīth al-Ṭawāl*, 1:245 §29. •Ibn ʿAsākir dans *Tārīkh Madīna Dimashq*, 3:350. •al-Bayhaqī dans *Shuʿab al-Īmān*, 2:156 §1430; & dans *Dalāʾil al-Nubuwwa*, 1:290. •al-Haythamī dans *Majmaʿ al-Zawāʾid*, 8:274.

[8] Rapporté par •al-Bukhārī dans *al-Ṣaḥīḥ*, 3:1307 §3374. •Muslim dans

24. Les tonalités hurlantes ou grossières étaient prescrites au sein de son entourage, appréciant le verbe doux.[1]

25. Ne désignant jamais nommément les pêcheurs lors de ses sermons mais il se contentait de pointer du doigt le tort et de prononcer des formules générales telles que "qu'ont donc les gens à agir ainsi ?"[2]

26. Le mensonge lui était abject, contrarié par la moindre tromperie.[3]

27. Son comportement était empli de sollicitude et d'empathie,[4] et ceci également avec les pires des gens, s'assurant ainsi tout de même leur sympathie.[5]

28. Si l'un de ses proches se montrait absent durant plus de trois jours, il s'enquerrait à son sujet et n'hésitait pas à lui rendre visite si le besoin se présentait.[6]

29. Lors d'un adieu, il priait ainsi : "Je te laisse entre les mains de Dieu, toi, ta religion, ta provision, tes agissements ainsi que ta fin."[7]

30. Particulièrement scrupuleux quant à l'étoffe usée pour la confection de son vêtement. Tout habit composé de soie

---

al-Ṣaḥīḥ, 4:2298 §2493.

[1] Rapporté par •al-Bukhārī dans al-Ṣaḥīḥ, 5:2242 §5678. •Muslim dans al-Ṣaḥīḥ, 4:2003 §2592.

[2] Rapporté par •Abū Dāwūd dans al-Sunan, 4:250 §4788. •al-Nasāʾī dans al-Sunan, 6:60 §3217. •al-Ḥākim dans al-Mustadrak, 4:84 §6958. •al-Bayhaqī dans Shuʿab al-Īmān, 6:265 §8099.

[3] Rapporté par •al-Tirmidhī dans al-Sunan, 4:348 §1973. •Isḥāq b. Rāhawayh dans al-Musnad, 3:654 §1245. •al-Bayhaqī dans Shuʿab al-Īmān, 4:208 §4815.

[4] Rapporté par •al-Bukhārī dans al-Ṣaḥīḥ, 1:226 §602. •Muslim dans al-Ṣaḥīḥ, 3:1692 §2150.

[5] Rapporté par •al-Bukhārī dans al-Ṣaḥīḥ, 3:1148 §2980. •Muslim dans al-Ṣaḥīḥ, 2:730 §1057.

[6] Rapporté par •Abū Yaʿlā dans al-Musnad, 6:150 §3429. •al-Aṣbahānī dans Akhlāq al-Nabī ﷺ wa Ādābuhū, 1:446 §165.

[7] Rapporté par •al-Tirmidhī dans al-Sunan, 5:499 §3442.

était honni. La laine lui était agréable, il portait un tel habit lors du vendredi et des jours cérémonieux.[1]

31. Faisant honneur aux étrangers, il les accueillait en se parant des plus beaux vêtements et imposait un pareil comportement à ses proches.[2]

32. Il appréciait particulièrement l'usage du *miswāk*, un bâtonnet de fibres battues à l'extrémité dont l'objet était le nettoyage de la voûte dentaire. Toujours en sa possession, son usage était régulier, notamment avant de se coucher.[3]

33. Il prenait toujours une bouffée d'air avant de se désaltérer et prononçait sans faute la fameuse formule "Au nom de Dieu, le Très Clément, le Tout Miséricordieux." A chaque gorgée, il proclamait "La Gloire n'appartient qu'à Dieu." Cette pratique ne se répétait que durant les deux ou trois premières gorgées.[4]

34. Il appréciait tout particulièrement s'abreuver à une source d'eau fraîche. Missionnant, parfois certains à se rendre à un puits ou une fontaine pour lui apporter de l'eau. En contrepartie, il invoquait Dieu longuement en leur faveur.[5]

---

[1] Rapporté par •al-Bayhaqī dans *Maʿrifa al-Sunan wa al-Āthār*, 3:32 §1875. •Abū Ḥayyān al-Aṣbahānī dans *Akhlāq al-Nabī ﷺ wa Ādābuhū*, 2:172 §292.

[2] Rapporté par •Ibn Saʿd dans *al-Ṭabaqāt al-Kubrā*, 4:346. •Abū Ḥayyān al-Aṣbahānī dans *Akhlāq al-Nabī ﷺ wa Ādābuhū*, 2:151 §280.

[3] Rapporté par •al-Bukhārī dans *al-Ṣaḥīḥ*, 1:382 §1085. •Muslim dans *al-Ṣaḥīḥ*, 1:220 §§§§252–255. •Aḥmad b. Ḥanbal dans *al-Musnad*, 6:188 §25594. •Abū Dāwūd dans *al-Sunan*, 1:15 §57.

[4] Rapporté par •al-Bukhārī dans *al-Ṣaḥīḥ*, 5:2133 §5308. •Muslim dans *al-Ṣaḥīḥ*, 3:1603 §2028. •al-Tirmidhī dans *al-Sunan*, 4:302 §1884–1885. •al-Ṭabarānī dans *al-Muʿjam al-Kabīr*, 10:205 §10475.

[5] Rapporté par •Ibn Saʿd dans *al-Ṭabaqāt al-Kubrā*, 1:504. •al-Suyūṭī dans *al-Shamāʾil al-Sharīfa*, p. 312 §574. •al-Munāwī dans *Fayḍ al-Qadīr*, 5:218.

35. Il appréciait le rapport à la nature et pouvait passer un certain temps à observer des coins de verdure ou le simple ruissellement d'un cours d'eau.[1]

36. Ne se nourrissant que peu,[2] si dîner il y avait, il s'abstenait de prendre le déjeuner,[3] ne mangeant que lorsque la faim se faisait forte et jamais à satiété.[4]

37. Son jeûne était régulier. Outre le Ramaḍān, le jeûne de Cha'ban était particulièrement intense.[5]

38. Il lui arrivait de jeûner sans rupture plusieurs jours durant, mais prohibait cette pratique à ses proches.[6]

39. Il avait pour habitude de ne rien économiser pour le lendemain, ainsi sa maisonnée fit souvent face à la faim. Le pain d'orge était son quotidien.[7]

40. Lors de la rupture du jeûne, il débutait son repas par une (ou deux) datte(s) ou buvait de l'eau, puis s'attelait à réaliser la prière du soir avant le reste de la dégustation.[8]

---

[1] Rapporté par •al-Tirmidhī dans *al-Sunan*, 2:155 §334. •Tamām al-Rāzī dans *al-Fawā'id*, 2:107 §1268. •al-Suyūṭī dans *al-Shamā'il al-Sharīfa*, p. 311 §573.

[2] Rapporté par •al-Bukhārī dans *al-Ṣaḥīḥ*, 5:2061 §5078.

[3] Rapporté par •al-Ṭabarānī dans *Musnad al-Shāmiyyīn*, 1:374 §650. •Abū Nuʿaym dans *Ḥilya al-Awliyā'*, 3:323. •al-Bayhaqī dans *Shuʿab al-Īmān*, 5:26 §5644.

[4] Rapporté par •Aḥmad b. Ḥanbal *al-Musnad*, 4:132 §17225. •al-Tirmidhī dans *al-Sunan*, 4:590 §2380.

[5] Rapporté par •Aḥmad b. Ḥanbal dans *al-Musnad*, 6:84 §24586. •al-Tirmidhī dans *al-Sunan*, 3:113 §736.

[6] Rapporté par •al-Bukhārī dans *al-Ṣaḥīḥ*, 2:678 §1822. •Muslim dans *al-Ṣaḥīḥ*, 2:774 §1102.

[7] Rapporté par •al-Tirmidhī dans *al-Sunan*, 4:580 §2359–2362. •Ibn Ḥibbān dans *al-Ṣaḥīḥ*, 14:270 §6356.

[8] Rapporté par •Aḥmad b. Ḥanbal dans *al-Musnad*, 3:164 §12698. •Abū Dāwūd dans *al-Sunan*, 2:306 §2356. •al-Tirmidhī dans *al-Sunan*, 3:79 §696.

41. Le repas était pris à même le sol,[1] refusant de prendre appui sur quoi que ce soit.[2] Le rinçage des mains était une coutume précédant et suivant le repas.[3]

42. Il choisissait la portion lui faisant face. N'allongeant jamais sa main vers le centre du plat.[4]

43. Il consommait son repas froid. Justifiant sa pratique ainsi : "Dégustez un repas froid, il s'y trouve des bénédictions abondantes. Attentifs, vous constaterez que vous mangez davantage lorsque le repas est chaud…"[5]

44. Il ne lui arrivait jamais de souffler sur son repas afin de le refroidir, ni sur sa tasse lorsqu'il buvait.[6]

45. Il appréciait tout particulièrement déguster la part de l'épaule de l'animal,[7] honnissant les abats. Il se refusait la consommation des reins mais ne la prohibait pas à ses compagnons.[8] Parmi les légumes, la courge et le concombre avait sa préférence.[9]

---

[1] Rapporté par •al-Ṭabarānī dans *Muʿjam al-Kabīr*, 12:67 §12494. •al-Bayhaqī dans *Shuʿab al-Īmān*, 6:290 §8192.

[2] Rapporté par •al-Bukhārī dans *al-Ṣaḥīḥ*, 5:2062 §5083.

[3] Rapporté par •Ibn Mājah dans *al-Sunan*, 2:1085 §3260.

[4] Rapporté par •al-Bukhārī dans *al-Ṣaḥīḥ*, 5:2056 §§§5061–5063. •Muslim dans *al-Ṣaḥīḥ*, 3:1599 §2022. •Abū Ḥayyān al-Aṣbahānī dans *Akhlāq al-Nabī ﷺ wa Ādābuhū*, 3:201, 210 §§589, 595.

[5] Rapporté par •al-Ḥākim dans *al-Mustadrak*, 4:132 §7125. •al-Ṭabarānī dans *al-Muʿjam al-Kabīr*, 24:66 §172.

[6] Rapporté par •al-Bukhārī dans *al-Ṣaḥīḥ*, 5:2133 §5307. •Muslim dans *Ṣaḥīḥ*, 1:225 §267. •Abū Dāwūd dans *al-Sunan*, 3:338 §3728. •al-Tirmidhī dans *al-Sunan*, 4:304 §1888.

[7] Rapporté par •Aḥmad b. Ḥanbal dans *al-Musnad*, 6:8 §23910.

[8] Rapporté par •Abū al-Faḍl al-ʿIrāqī dans *al-Mughnī ʿan Ḥaml al-Asfār*, 1:655 §2439. •al-Kāsānī dans *Badāʾiʿ al-Ṣanāʾiʿ*, 5:61. •al-Ghazālī dans *Iḥyāʾ ʿUlūm al-Dīn*, 2:372.

[9] Rapporté par •Muslim dans *al-Ṣaḥīḥ*, 3:1615 §2041. •al-Tirmidhī dans *al-Sunan*, 4:284 §1850; & dans *Shamāʾil al-Muḥammadiyya*, p. 168 §203. •al-Ṭabarānī dans *al-Muʿjam al-Kabīr*, 24:274 §697.

46. Il ne refusait jamais une invitation même celle du plus démuni, se contentant alors de consommer du gras animal accompagné de pain d'orge sec.[1] Il ne débutait jamais le repas avant ses partenaires de table et chaque fin de repas était ponctué de la fameuse formule d'invocation "Toute la louange appartient à Dieu" puis d'une invocation spécifique à l'adresse de son hôte et de ses compagnons.[2]

47. Il se couchait systématiquement suite à la prière de la nuit[3], puis quittait sa couche pour celle du milieu de la nuit[4] et enfin son cycle nuptial prenait fin avec la prière du matin[5].[6] Une tradition prophétique nous rapporte que son sommeil n'était qu'apparent ; Ses yeux étaient sujet au sommeil mais pas son cœur.[7]

48. Sa couche ne se composait que d'un morceau de feutre,[8] faisant parfois usage d'une natte de paille qui marquait son corps.[9] La taille de cette natte n'était pas plus grande que celle d'une tombe.[10]

---

[1] Rapporté par •Muslim dans *al-Ṣaḥīḥ*, 4:2198 §2865. •al-Tirmidhī dans *al-Sunan*, 3:337 §1017.

[2] Rapporté par •Muslim dans *al-Ṣaḥīḥ*, 3:1615 §2042.

[3] La prière de 'Ichaa

[4] La prière de Tahajjud, cette dernière n'est obligatoire que pour le Prophète ﷺ. Uniquement recommandé pour le musulman moyen

[5] La prière de Fajr (Sobh)

[6] Rapporté par •al-Bukhārī dans *al-Ṣaḥīḥ*, 1:385 §§1095–1096. •Muslim dans *al-Ṣaḥīḥ*, 1:509–510 §§738–739.

[7] Rapporté par •al-Bukhārī dans *al-Ṣaḥīḥ*, 1:385 §1096. •Muslim dans *al-Ṣaḥīḥ*, 1:509 §738.

[8] Rapporté par •al-Bukhārī dans *al-Ṣaḥīḥ*, 5:2371 §6091. •Muslim dans *al-Ṣaḥīḥ*, 3:1650 §2082.

[9] Rapporté par •Aḥmad b. Ḥanab dans *al-Musnad*, 3:139–140 §12440. •Abū Yaʿlā dans *al-Musnad*, 5:167 §2782.

[10] Rapporté par •Abū Dāwūd dans *al-Sunan*, 4:310 §5044.

Sa coutume était de réaliser les ablutions et faire usage du Miswak avant de gagner sa couche.[1]

49. Son visage béni était toujours orienté vers la *Kaʿba* durant son sommeil,[2] en position latérale plaçant la paume de sa main droite sous sa joue. Avant de s'adonner au sommeil, il priait toujours ainsi : "Ô mon Pourvoyeur, je vis et meurs par Ton Nom,"[3] puis prononçait à trois reprises "Au Jour de la Résurrection garde moi de Ton courroux".[4]

50. Il avait pour habitude d'offrir des présents et recommandait à ses compagnons de l'imiter. Il affirmait que cette pratique permettait de rapprocher les cœurs.[5]

51. Lors de ses interactions avec les gens de sa maison, son sourire était constant.[6] et il y faisait preuve d'une bienveillance à toute épreuve.[7]

52. Sa relation avec ses épouses était joviale, emplie de mansuétude et de compassion. Les manifestations de son amour était régulière et durable.[8]

---

[1] Rapporté par •al-Bukhārī dans *al-Ṣaḥīḥ*, 1:97 §244. •Muslim dans *al-Ṣaḥīḥ*, 4:2081 §2710. •al-Ṭabarānī dans *al-Muʿjam al-Awsaṭ*, 8:67 §7980. •Abū Nuʿaym dans *Maʿrifat al-Ṣaḥāba*, 5:2592 §6247.

[2] Rapporté par •Muslim dans *al-Ṣaḥīḥ*, 1:476 §683. •Aḥmad b. Ḥanbal dans *al-Musnad*, 5:309 §22685.

[3] Rapporté par •al-Bukhārī dans *al-Ṣaḥīḥ*, 5:2327 §5955. •Muslim dans *al-Ṣaḥīḥ*, 4:2083 §2711.

[4] Rapporté par •Aḥmad b. Ḥanbal dans *al-Musnad*, 6:288 §26508. •Abū Dāwūd dans *al-Sunan*, 4:310 §5045. •al-Tirmidhī dans *al-Sunan*, 5:471 §3399.

[5] Rapporté par •Aḥmad b. Ḥanbal dans *al-Musnad*, 2:405 §9239. •Abū Dāwūd dans *al-Sunan*, 2:128 §1672. •Abū Yaʿlā dans *al-Musnad*, 11:9 §6148.

[6] Rapporté par •al-Tirmidhī dans *al-Sunan*, 5:601 §3641. •Aḥmad b. Ḥanbal dans *al-Musnad*, 5:91 §20885. •Isḥāq b. Rāhawayh dans *al-Musnad*, 3:1008 §1750.

[7] Rapporté par •al-Bukhārī dans *al-Ṣaḥīḥ*, 2:967 §2564.

[8] Rapporté par •al-Bukhārī dans *al-Ṣaḥīḥ*, 5:2004 §4930. •Aḥmad b. Ḥanbal dans *al-Musnad*, 3:172 §12784. •Abū Dāwūd dans *al-Sunan*,

53. Il participait aux tâches ménagères. Nettoyage, lavage ou encore rapiéçage étaient des pratiques coutumières.[1]

54. Les femmes et les enfants étaient toujours conviés lors des festivités ou encore lors des voyages. [2]

55. Si l'une de ses épouses venait à être malade, il passait du temps à son chevet et préparait un breuvage chaud afin de la soulager. Il répétait : "Buvez ! cela purifiera le mal et la tristesse du patient comme l'eau purifie le corps de toutes impuretés."[3]

56. Il ne refusait jamais rien à ses épouses et s'efforçait d'accomplir leur volonté lorsqu'il en avait la capacité.[4]

57. Si une épouse faisait preuve de mauvaise humeur, il agissait avec attention et douceur et leur recommandait de prier afin d'apaiser cette irritation.[5]

58. Sa douceur avec les enfants était légendaire[6] Contrairement aux mœurs de l'époque, il accueillait sa fille Fāṭima ﷺ en se redressant et en lui embrassant le front.[7]

59. Parfois, ses petit-enfants grimpaient sur son dos lors de la prière. Il prenait alors soin d'allonger ses positions afin que

---

3:29 §2578.

[1] Rapporté par •al-Bukhārī dans *al-Ṣaḥīḥ*, 5:229 §5850. •Ibn Ḥibbān dans *al-Ṣaḥīḥ*, 14:351 §6440. •al-Ṭabarānī dans *al-Muʿjam al-Kabīr*, 12:67 §12494.

[2] Rapporté par •al-Bukhārī dans *al-Ṣaḥīḥ*, 1:181 §2453. •Muslim dans *al-Ṣaḥīḥ*, 3:1609 §2037.

[3] Rapporté par •Aḥmad b. Ḥanbal dans *al-Musnad*, 6:32 §24081. •al-Tirmidhī dans *al-Sunan*, 4:383 §2039. •al-Nasāʾī dans *al-Sunan al-Kubrā*, 4:372 §§7573, 7576.

[4] Rapporté par •al-Bukhārī dans *al-Ṣaḥīḥ*, 5:2048 §5042. •al-Tirmidhī dans *al-Sunan*, 3:519 §§1214–1215.

[5] Rapporté par •Muslim dans *al-Ṣaḥīḥ*, 2:632 §918(4). •Ibn Ḥibbān dans *al-Ṣaḥīḥ*, 3:145 §864. •al-Ṭabarānī dans *Kitāb al-Duʿāʾ*, p. 313 §1026.

[6] Rapporté par •al-Bukhārī dans *al-Ṣaḥīḥ*, 1:439 §1241. •Muslim dans *al-Ṣaḥīḥ*, 4:1808 §2316.

[7] Rapporté par •Abū Dāwūd dans *al-Sunan*, 4:355 §5217.

les enfants puissent profiter de ces instants.[1] Il démontrait de l'affection pour tous mais plus spécifiquement encore pour les personnes âgées et les enfants.[2]

60. Lors des prières communes, il raccourcissait les différentes stations de la prière afin de la faciliter aux autres. Seul, ses prières se prolongeaient jusque tard.[3]

61. Il conseillait aux orateurs et aux chefs de ne pas faire durer outre mesure leur temps de parole : "Ne parlez pas longuement, un long discours à l'effet du charme du sorcier. Prêchez succinctement et ménager les gens. Annoncez-leur la bonne nouvelle et évitez les réprimandes repoussantes."[4]

62. A l'aurore, lors de la prière du matin, les indigents et les esclaves de Médine se rendaient à sa porte munis d'un pichet d'eau afin de le faire bénir. Il adressait leurs requêtes avec une bienveillance certaine.[5]

63. Il répétait souvent à ses Compagnons ☙ afin qu'aucun ne soit hésitant lors d'une requête : "J'irai auprès de chaque malade, lors d'un décès, j'assisterai aux funérailles. Si une personne a vu un songe, qu'il vienne me le conter."[6]

64. Ses adversaires les plus féroces devinrent ses adeptes les plus férus et cela uniquement après avoir constaté la noblesse de ses mœurs. Thumāma b. Uthāl ☙, absous par le Prophète ☙, déclara son sentiment qui fut partagé par beaucoup d'autres. Il dit au Saint Prophète ☙ : "Par Dieu ! Par le passé, aucun visage ne m'était plus méprisable que le vôtre

---

[1] Rapporté par •al-Bukhārī dans *al-Ṣaḥīḥ*, 1:193 §494. •Aḥmad b. Ḥanbal dans *al-Musnad*, 3:493 §16076.

[2] Rapporté par •Abū Yaʿlā dans *al-Musnad*, 7:205–206 §4195.

[3] Rapporté par •al-Bukhārī dans *al-Ṣaḥīḥ*, 1:248 §671. •Muslim dans *al-Ṣaḥīḥ*, 1:343 §470.

[4] Rapporté par •al-Bukhārī dans *al-Ṣaḥīḥ*, 1:38 §69. •Abū Dāwūd dans *al-Sunan*, 1:289 §§1106–1107.

[5] Rapporté par •Muslim dans *al-Ṣaḥīḥ*, 4:1812 §2324.

[6] Rapporté par •al-Bukhārī dans *al-Ṣaḥīḥ*, 1:175–176 §446, 448, 1:471 §1182. •Aḥmad b. Ḥanbal dans *al-Musnad*, 5:14 §20177.

et pourtant aujourd'hui rien ne m'est plus attrayant que celui-ci. Par Dieu ! Par le passé, aucune religion ne m'était plus méprisable que la vôtre et pourtant aujourd'hui rien ne m'est plus agréable que celle-ci. Par Dieu ! Par le passé, aucune contrée ne m'était plus méprisable que la vôtre et pourtant aujourd'hui aucune cité ne m'est plus avenante que celle-ci."[1]

65. Au cours de la dernière année de vie du Prophète ﷺ les derniers récalcitrants de Quraysh furent profondément touchés par l'affabilité et la mansuétude du Messager de Dieu. Ils avaient tous été des ennemis féroces du Messager ﷺ de Dieu et pourtant celui-ci les pardonna et fit preuve d'une rare générosité à leur égard. Il accorda ainsi une centaine de brebis à Ṣafwān b. Umayya, qui fut l'un des plus acharnés ennemis de la nouvelle religion. Cent brebis supplémentaires lui fut attribué ce qui le convainc finalement d'embrasser à son tour l'Islam. Sa conviction fut telle qu'il prononça plus tard : "Que ma mère et mon père soient sacrifiés pour lui. Par Dieu ! Je n'ai jamais vu meilleur enseignant et meilleur enseignement. Il ne m'a pas réprimandé, injurié ou frappé."

Il déclara en outre : "Par Dieu ! Le Messager de Dieu fut prolixe en ma faveur alors qu'il m'était détestable, puis il continua à être bienfaisant à mon égard au point où il fut pour le plus aimé des hommes."[2]

66. Lors d'une autre occasion, une tribu entière embrassa l'Islam à la suite de la générosité du Prophète ﷺ. Cet événement fit suite au désir d'un individu d'assassiner le Saint Prophète ﷺ. Dieu le protégea et lui donna le dessus sur cet individu. L'apôtre de Dieu dans sa bonté infini choisit d'absoudre l'homme et de lui faire grâce. Cet acte eu un impact si profond sur cet homme que celui-ci embrassa l'Islam et, en retournant auprès des siens, leur transmis le message

---

[1] Rapporté par •al-Bukhārī dans *al-Ṣaḥīḥ*, 4:1589 §4114.

[2] Rapporté par •Muslim dans *al-Ṣaḥīḥ*, 4:1806 §2313.

de l'Islam. Peu de temps s'écoula avant que la tribu entière vienne faire allégeance au Prophète de l'Islam.[1]

67. Son message était universel, la vérité qu'il transmettait et le caractère qu'il affichait attirèrent non seulement les polythéistes arabes mais aussi les juifs et les chrétiens. Quand le Prophète ﷺ émigra à Médine, il reçut la visite du docte juif, ʿAbd Allāh b. Salām. Ce dernier raconta plus tard sa première rencontre avec le Messager de Dieu ﷺ : "Je suis allé à sa rencontre là où les gens de Médine étaient réunis. Lorsque j'ai aperçu son visage, j'ai immédiatement su qu'il n'était pas celui d'un menteur. Les premières paroles que j'ai entendues furent "Ô gens ! Répandez les salutations de paix, partagez votre subsistance avec le démuni, maintenez les liens de parenté, priez la nuit lorsque les gens dorment et ainsi le paradis sera vôtre.

Selon un autre récit le Messager ﷺ a dit "Adorez votre pourvoyeur, *al-Raḥmān*, nourrissez les autres, établissez l'usage d'invoquer la paix pour l'autre et ainsi le paradis sera vôtre."[2]

68. Un homme juif, prénommé Zayd b. Saʿna, chercha à vérifier la patience du Prophète ﷺ. Ce dernier lui pardonna son affront mais plus encore demanda à ʿUmar ؓ de lui faire parvenir un présent de son fait. Zayd, éminent docte juif s'exclama alors "Son seul visage est porteur des signes de la prophétie, à l'exception de deux qui se dérobent au regard. Le premier a trait à sa miséricorde face à la bêtise ou alors lorsqu'il lui est causé du tort. Ensuite c'est sa compassion qui grandit au fur et à mesure qu'il est confronté à la bêtise. J'ai vérifié si le Prophète ﷺ possédait ces deux qualités. Zayd dit alors à ʿUmar (à qui il racontait ce récit) : "Ô ʿUmar, je suis effectivement satisfait de Dieu comme mon

---

[1] Rapporté par •Aḥmad b. Ḥanbal dans *al-Musnad*, 3:364 §14971. •Ibn Ḥibbān dans *al-Ṣaḥīḥ*, 7:138 §2883.

[2] Rapporté par •Aḥmad b. Ḥanbal dans *al-Musnad*, 5:451 §23835. •al-Tirmidhī dans *al-Sunan*, 4:652 §2485.

Seigneur et de Muhammad comme mon Prophète. Et te prend, toi, comme témoin afin de léguer la moitié de ma richesse à la nation de Muhammad ﷺ."[1]

69. SA COMPASSION POUR LES NON-MUSULMANS : Jarīr b. ʿAbd Allāh ﷺ raconte une parole du Messager de Dieu ﷺ ainsi : "Quiconque n'étant pas compatissant envers les autres, ne sera pas sous le joug de la miséricorde de Dieu - Le Tout-Puissant et Tout-Majestueux."[2]

Abū Hurayra ﷺ a énoncé la parole du Messager ainsi : "J'ai entendu Abū al-Qāsim[3] ﷺ affirmer : "La qualité d'être miséricordieux (à l'égard des autres) n'est pas ôtée, excepté chez celui qui est vraiment misérable."[4]

La miséricorde désigne un cœur affable, et cette situation est une preuve de foi vivace et forte. Celui qui est exempt d'un tel cœur est ainsi privé d'une foi saine.

ʿAbd Allāh b. ʿAmr ﷺ relata à son tour la parole du Prophète ﷺ ainsi : "Quant à ceux qui œuvreront avec miséricorde auprès de leurs semblables, alors, le Tout-Miséricordieux, Dieu, sera miséricordieux à leur égard. Soyez miséricordieux à l'égard de ceux sur Terre, ainsi Celui dans les cieux, vous rendra la pareille."[5]

70. SON COMPORTEMENT À L'ÉGARD DES ANCIENS ET DES PLUS JEUNES : Anas b. Mālik ﷺ narre un récit du Prophète ﷺ ainsi : "Les gens (siégeant auprès du Prophète ﷺ) étaient parfois récalcitrants à lui faire place[6]. Alors le Prophète ﷺ

---

[1] Rapporté par •al-Ṭabarānī dans *al-Muʿjam al-Kabīr* dans 5:222–223 §5147.

[2] Rapporté par •Aḥmad b. Ḥanbal dans *al-Musnad*, 4:358 §19187.

[3] Abu al Qasim est l'un des patronymes qui était utilisé pour désigner le Prophète ﷺ

[4] Rapporté par •al-Tirmidhī dans *al-Sunan*, 4:323 §1923. •Abū Dāwūd dans *al-Sunan*, 4:286 §4942.

[5] Rapporté par •al-Ḥumaydī dans *al-Musnad*, 2:269–270 §§591–592.

[6] Anas est un jeune enfant lorsqu'il siégeait dans ces assises, les anciens compagnons avaient parfois une forme de réticence à faire place à un

interpella son assemblée ainsi : "Quiconque ne fait pas miséricorde à l'égard des jeunes et ne démontre pas du respect envers les anciens n'est pas des nôtres."[1]

71. SON COMBAT POUR LE RETABLISSEMENT DE LA DIGNITE FEMININE[2] : Abū Saʿīd al-Khuḍrī ﷺ a rapporté que le Messager de Dieu ﷺ a dit : "Quand une personne a trois filles, trois sœurs, deux filles ou deux sœurs , qu'elle craint Dieu (en leur accordant honneur et bonté, et en subvenant à leur besoins), et qu'elle reste bienveillante et généreuse envers elles, alors cette personne entrera au Paradis."[3]

72. SON COMPORTEMENT À L'ÉGARD DES ORPHELINS : Abū Hurayra ﷺ raconte la parole du Prophète ﷺ ainsi : "Celui qui pourvoit aux besoins d'un orphelin, prend soin de celui-ci et l'élève — membre de la famille ou pas — alors ce dernier et moi serons comme ces deux-là au Paradis."

Expliquant ce que le Prophète ﷺ signifiait par "ces deux-là", Malik expliqua que l'expression désignait l'index et le majeur.[4]

73. SON COMPORTEMENT À L'ÉGARD DE LA VEUVE ET DE L'INDIGENT : Abū Hurayra ﷺ raconte la parole du Prophète ﷺ ainsi : "Celui s'occupant d'une veuve ou d'un démuni est comme celui luttant dans la voie de Dieu ou celui se tenant debout (en prière) la nuit durant et jeûnant le jour."[5]

---

jeune enfant à proximité du Prophète ﷺ

[1] Rapporté par •al-Tirmidhī dans *al-Sunan*, 4:321 §1919.

[2] A l'époque où il était coutume chez les arabes d'enterrer vivantes les jeunes filles, l'arrivée de l'Islam bouscula l'échiquier culturel en imposant la sacralité et la dignité de la vie des femmes au même titre que celle des hommes.

[3] Rapporté par •Aḥmad b. Ḥanbal dans *al-Musnad*, 3:42 §11402. •al-Tirmidhī dans *al-Sunan*, 4:318 §1912.

[4] Rapporté par •Muslim dans *al-Ṣaḥīḥ*, 4:2287 §2983. •Aḥmad b. Ḥanbal dans *al-Musnad*, 2:375 §8868.

[5] Rapporté par •al-Bukhārī dans *al-Ṣaḥīḥ*, 5:2047 §5038. •al-Tirmidhī

74. SON COMPORTEMENT À L'ÉGARD DES PRISONNIERS : Abū Mūsā ﷺ raconte l'ordre du Prophète ﷺ ainsi "Libérez les prisonniers, nourrissez les affamés et visitez les malades."[1]

75. SON COMPORTEMENT À L'ÉGARD DES MALADES : Thawbān ﷺ raconte la parole du Prophète ﷺ ainsi : "Celui rendant visite au malade demeure parmi les *khurfa* du Paradis jusqu'au terme de sa visite."

On lui demanda : "Ô Messager de Dieu, que sont les *khurfa* du Paradis?" Il répondit : "Ce sont ses fruits."[2] Cette désignation est un symbole des récompenses octroyées au sein du Paradis pour la visite du malade.

ʿAlī ﷺ raconte avoir entendu le Prophète ﷺ dire : "Chaque fois qu'un musulman visite un autre musulman souffrant en début de journée, soixante-dix mille anges invoquent en sa faveur et ce jusqu'au soir. Et s'il le visite le soir alors les anges invoquent jusqu'au matin, et il lui est attribué un jardin au sein du Paradis."[3]

76. SON COMPORTEMENT À L'ÉGARD DES ANIMAUX : Abū Hurayra ﷺ rapporte du Prophète ﷺ l'histoire d'un homme qui trouva un chien assoiffé au point où celui-ci humectait le sol. L'homme l'aida à étancher sa soif, et en conséquence de cet acte de générosité, Dieu ﷻ l'absout (de tous ses péchés). Le même illustre compagnon relate en outre qu'à la suite de ce récit, les partisans du Prophète ﷺ demandèrent : "Ô Messager de Dieu, existe-il aussi des récompenses pour

---

dans *al-Sunan*, 4:346 §1969.

[1] Rapporté par •Abū Dāwūd dans *al-Sunan*, 3:187 §3105. •al-Nasā'ī dans *al-Sunan*, 5:202 §8666.

[2] Rapporté par •Muslim dans *al-Ṣaḥīḥ*, 4:1989 §2568. •Aḥmad b. Ḥanbal dans *al-Musnad*, 5:277 §22443.

[3] Rapporté par •Aḥmad b. Ḥanbal dans *al-Musnad*, 1:118 §955. •al-Tirmidhī dans *al-Sunan*, 3:300 §969.

les animaux ? Le Prophète ﷺ répondit : "Il existe une récompense pour chaque foie humide[1]."[2]

La formule de ce Hadith au sein du fameux recueil de Bukhari est inscrite ainsi : "Dieu lui a pardonné et l'a fait entrer au Paradis."[3]

Abū Hurayra ؓ narre une autre parole du Prophète ﷺ ainsi : "Une femme adultère fut pardonnée (de ses péchés). Un jour, alors qu'elle passait auprès d'un chien assis devant la margelle d'un puits, ce dernier souffrait d'une forte soif. La femme retira sa chaussure, l'attacha à son voile pour tirer de l'eau du puits et abreuver le chien."[4]

ʿAbd Allāh b. ʿUmar ؓ relate que le Messager de Dieu ﷺ dit un jour : "Une femme fut punie pour avoir laissé mourir de faim un chat en captivité. Cet acte lui valut l'enfer, ne lui octroyant ni nourriture, ni breuvage. Cette captivité lui empêchant également de se nourrir librement des vermines de la terre."[5]

Shaddād b. Aws ؓ relate la parole du Prophète ﷺ ainsi : "Véritablement, Dieu a prescrit l'excellence. Ainsi, si vous sacrifiez un animal, alors faîtes-le de la meilleure des manières[6]. Aiguisez votre lame et rendez la chose facile pour l'animal en question."[7]

---

[1] Cette expression désigne tout être vivant

[2] Rapporté par •al-Bukhārī dans *al-Ṣaḥīḥ*, 2:833 §2234, 2:870 §2334. •Muslim dans *al-Ṣaḥīḥ*, 4:1761 §2244.

[3] Rapporté par •Ibn Ḥibbān dans *al-Ṣaḥīḥ*, 2:301 §543.

[4] Rapporté par •al-Bukhārī dans *al-Ṣaḥīḥ*, 3:1279 §3280. •Muslim dans *al-Ṣaḥīḥ*, 4:1761 §2245. •Aḥmad b. Ḥanbal dans *al-Musnad*, 2:510 §10629.

[5] Rapporté par •al-Bukhārī dans *al-Ṣaḥīḥ*, 2:834 §2236. •Muslim dans *al-Ṣaḥīḥ*, 4:1760 §2242. •al-Dārimī dans *al-Sunan*, 2:426 §2814.

[6] En s'assurant de réduire sa souffrance au strict minimum

[7] Rapporté par •Muslim dans *al-Ṣaḥīḥ*, 3:1548 §1955. •al-Dārimī dans *al-Sunan*, 4:123, 125 §17154, 17179.

ʿAbd Allāh b. ʿAmr ﷺ rapporte du Messager de Dieu ﷺ cette parole : "Quiconque tue un moineau ou autre chose de supérieur (taille ou importance), sans raison, alors Dieu Tout-Puissant lui demandera des comptes de cela au Jour de la Résurrection."[1]

77. ʿAbd Allāh b. ʿAmr b. al-ʿĀṣ ﷺ a raconté la parole du Prophète ﷺ ainsi : "Votre corps a un droit sur vous, vos yeux ont un droit sur vous, votre épouse a un droit sur vous et votre voisin a également un droit sur vous."[2]

78. Dans un autre récit, ʿAbd Allāh b. ʿAmr b. al-ʿĀṣ ﷺ relate la parole du Prophète ﷺ ainsi : "Le meilleur des compagnons aux yeux de Dieu et celui qui fait preuve du meilleur comportement envers son compagnon et le meilleur des voisins est celui qui fait preuve du meilleur comportement envers son voisin."[3]

79. Burayda b. al-Ḥaṣīb ﷺ relate l'exhortation du Prophète ﷺ ainsi : "Accrochez-vous à la modération, accrochez-vous à la modération, accrochez-vous à la modération ; personne ne fait preuve de rigidité au sein de sa religion sans que cette dernière ne finisse par le terrasser."[4]

80. Selon ʿAbd Allāh b. Masʿūd ﷺ, le Prophète ﷺ répéta alors à trois reprises "les fanatiques ont péri."[5]

81. D'après Ibn ʿAbbās ﷺ, le Prophète ﷺ disait : "Dieu a décrété les bonnes actions ainsi que les mauvaises; et les a

---

[1] Rapporté par •al-Nasāʾī dans *al-Sunan*, 7:206 §4349. •al-Ḥākim dans *al-Mustadrak*, 4:261 §7574.

[2] Rapporté par •al-Bukhārī dans *al-Ṣaḥīḥ*, 2:697 §1874. •Abū Dāwūd dans *al-Sunan*, 4:338 §§5151–5152.

[3] Rapporté par •Aḥmad b. Ḥanbal dans *al-Musnad*, 2:167 §6566. •al-Tirmidhī dans *al-Sunan*, 4:333 §1944.

[4] Rapporté par •Aḥmad b. Ḥanbal dans *al-Musnad*, 5:350 §23013. •Ibn Khuzayma dans *al-Ṣaḥīḥ*, 2:199 §1179.

[5] Rapporté par •Muslim dans *al-Ṣaḥīḥ*, 4:2055 §2670. •Aḥmad b. Ḥanbal dans *al-Musnad*, 1:386 §3655. •Abū Dāwūd dans *al-Sunan*, 4:201 §4608.

expliquées. Quiconque a l'intention de réaliser une bonne action mais se trouve incapable de l'accomplir, Dieu inscrit tout de même dans son registre une bonne action. S'il à l'intention de réaliser une bonne action et que celle-ci se concrétise, Dieu inscrit à son compte jusqu'à sept cents bonnes actions voir au-delà. Quiconque veut commettre une mauvaise exaction mais s'en abstient, Dieu lui inscrit tout de même une bonne action. S'il à pour intention de commettre une mauvaise exaction et finit par s'y adonner, Dieu ne lui inscrit qu'une seule mauvaise action."[1]

82. D'après ʿĀʾisha ﷺ, le Messager de Dieu ﷺ a affirmé : "Dieu aime la douceur en toute chose."[2]

83. Au sein d'une autre narration il dit : "Ô ʿĀʾisha ﷺ! Dieu est doux et Il aime la douceur."[3]

84. Selon Jarīr b. ʿAbd Allāh ﷺ, le Prophète ﷺ à également dit : "Celui exempt de douceur est privé de toute forme bien."[4]

85. ʿAbd Allāh b. ʿUmar ﷺ relate un récit ainsi : "Un homme vint visiter le Prophète ﷺ et lui soumit (cette interrogation) : "Ô Messager de Dieu ! Parmi tous, qui est le plus valeureux aux yeux de Dieu ?" Le Messager de Dieu ﷺ répondit alors : "Celui se rendant utile aux autres." En outre il ajouta : "Quiconque maîtrise sa colère, Dieu le Très-Haut protège son honneur, quiconque fait preuve de patience dans une instant de colère et en position de force, Dieu lui octroiera la béatitude au Jour de la Résurrection. Et quiconque marche avec son frère afin de pourvoir à ses besoins, Dieu le Très-Haut le préservera lorsque les gens tomberont."[5]

---

[1] Rapporté par •al-Bukhārī dans *al-Ṣaḥīḥ*, 5:2380 §6126. •Muslim dans *al-Ṣaḥīḥ*, 1:118 §131.

[2] Rapporté par •al-Bukhārī dans *al-Ṣaḥīḥ*, 5:2242 §5678. •Muslim dans *al-Ṣaḥīḥ*, 4:1706 §2165.

[3] Rapporté par •al-Bukhārī dans *al-Ṣaḥīḥ*, 6:2539 §6528. •Ibn Mājah dans *al-Sunan*, 2:1216 §3689.

[4] Rapporté par •Ibn Abī Shayba dans *al-Muṣannaf*, 5:209 §25303.

[5] Rapporté par •al-Ṭabarānī dans *al-Muʿjam al-Awsaṭ*, 6:139–140

86. ʿAbd Allah b. ʿAbbās 🙵 a entendu le Messager 🙵 dire : "Si un musulman procure un vêtement à son frère, le premier sera sous la protection divine jusque ce que le second est de quoi se vêtir."[1]

87. Selon ʿUmar b. al-Khaṭṭāb 🙵, On interrogea le Messager de Dieu 🙵 : "Quelles sont les meilleures des actions ?" Il répondit : "La satisfaction que vous procurez à un croyant en lui évitant la faim ou lui donnant un habit pour couvrir sa nudité ou encore en pourvoyant à un autre de ses besoins."[2]

88. D'après Abū Hurayra 🙵, Le Messager de Dieu 🙵 a dit : "Quiconque accorde un répit au démuni ou efface ses dettes, Dieu lui octroiera l'ombre du Trône au Jour de la Résurrection, lorsqu'aucune autre ombre ne demeurera si ce n'est celle de Sa Miséricorde."[3]

Il a également affirmé : "Celui qui souhaite voir son invocation exaucée et que son affaire soit facilitée se doit d'être affable envers le démuni (ou celui qui est endetté)"[4]

En une autre occasion, le Messager de Dieu 🙵 a affirmé : "La charité ne diminue en rien la richesse. Dieu, le Très-Haut, accroît l'honneur de celui qui pardonne. Et celui qui se fait humble pour obtenir la satisfaction divine verra son rang élevé."[5]

89. Selon ʿAbd Allah b. ʿUmar 🙵, un homme rendit visite au Prophète 🙵 et lui soumit la question suivante : "Ô Messager de Dieu, à combien de reprises devrais-je pardonner un serviteur ?" Le Prophète 🙵 garda le silence. L'homme répéta alors sa question, mais le Prophète 🙵 fit

---

§6026.

[1] Rapporté par •al-Tirmidhī dans *al-Sunan*, 4:651 §2484. •al-Ṭabarānī dans *al-Muʿjam al-Kabīr*, 12:97 §12591.

[2] Rapporté par •al-Ṭabarānī dans *al-Muʿjam al-Awsaṭ*, 5:202 §5081.

[3] Rapporté par •al-Tirmidhī dans *al-Sunan*, 3:599 §1306.

[4] Rapporté par •Muslim dans *al-Ṣaḥīḥ*, 3:1196 §1563.

[5] Rapporté par •Muslim dans *al-Ṣaḥīḥ*, 4:2001 §2588.

toujours silence. Lors de la troisième reprise, le Prophète ﷺ dit "pardonne-le soixante-dix fois par jour".[1]

90. Abū Jurayy al-Hujaymī ﷺ a relaté : "Je dis au Messager de Dieu ﷺ : "Nous sommes des villageois, dictez-nous une action pour laquelle Dieu nous récompensera." Il répondit : "Ne méprisez pas la moindre action, verser de l'eau dans le pot de l'assoiffé lors de vos assemblées, et faites-le avec un sourire."[2]

91. Le Prophète ﷺ a déclaré : "Quiconque prie pour son frère, alors que celui-ci est absent, un ange répète en sa faveur 'Sois-tu crédité de l'équivalent !' "[3]

Selon ʿAbd Allah b. ʿAbbās ﷺ, Le Messager de Dieu ﷺ a dit : "Deux (formes de) prières sont telles que rien ne les sépare d'Allah ﷻ : la prière de l'opprimé et de celui qui invoque pour son frère en son absence."[4]

92. Il est relaté du Prophète ﷺ : "Quiconque cache les fautes de son prochain ici-bas, Dieu lui couvrira les siennes dans l'au-delà."[5]

L'Imam al-Ḥasan al-Baṣrī explique cette parole ainsi : "révéler le secret de son frère est une trahison."[6]

93. Selon ʿUqba b. Āmir ﷺ, le Messager de Dieu ﷺ a dit : "L'excellence est de consolider les liens avec celui qui chercher à les rompre, de pourvoir à celui qui s'écarte et d'ignorer celui qui insulte."[7]

---

[1] Rapporté par •Aḥmad b. Ḥanbal dans *al-Musnad*, 2:111 §5899. •Abū Dāwūd dans *al-Sunan*, 4:341 §5164.

[2] Rapporté par •Ibn Ḥibbān dans *al-Ṣaḥīḥ*, 2:281 §522. •al-Ṭabarānī dans *al-Muʿjam al-Kabīr*, 7:62 §6383.

[3] Rapporté par •Muslim dans *al-Ṣaḥīḥ*, 4:2094 §2732.

[4] Rapporté par •al-Ṭabarānī dans *al-Muʿjam al-Kabīr*, 11:119 §11232.

[5] Rapporté par •Muslim dans *al-Ṣaḥīḥ*, 4:2002 §2590.

[6] Rapporté par •Ibn Abī al-Dunyā dans *al-Ṣamt wa Ādāb al-Lisān*, p. 214 §404.

[7] Rapporté par •Aḥmad b. Ḥanbal dans *al-Musnad*, 4:158 §17488.

94. D'après Abū Bakr 淼, le Messager de Dieu 淼 a dit : "Au Jour de la Résurrection, Dieu le Très-Haut ordonnera à un héraut de déclamer : 'que ceux qui ont une rétribution auprès de Dieu, le Très-Haut, se fassent remarquer'. Alors les gens du pardon (les indulgents) se lèveront et Dieu couvrira leurs fautes en guise de récompense."[1]

95. Selon Abū Mūsā al-Ash'arī 淼, le Prophète 淼 a dit : "L'aumône incombe à chaque Musulman." Les compagnons l'interrogèrent alors : "Qu'en est-il de celui qui n'a rien à dépenser dans la voie de Dieu?" Le Prophète 淼 répondit : "Qu'il œuvre de ses mains de sorte qu'il puisse en bénéficier lui-même puis d'être en capacité de réaliser un acte de charité." Les compagnons réagirent en disant : "S'il n'a pas la force ou qu'il ne soit plus en mesure de le faire ?" Le Prophète 淼 répondit : "Qu'il aide le nécessiteux par la parole et/ou l'acte." Les compagnons réagirent une nouvelle fois : "S'il est incapable de cela également ?" Le Prophète 淼 répondit : "Qu'il s'abstienne de commettre le mal, cela lui sera compté comme une charité."[2]

96. D'après Jābir b. ʿAbd Allāh 淼, le Messager de Dieu 淼 a dit : "Chaque action vertueuse est charité. Ainsi approcher son frère le sourire aux lèvres et verser de l'eau dans sa tasse sont aussi des formes de piété."[3]

97. Selon Abū Dharr 淼, le Messager de Dieu 淼 a déclaré : "Le sourire adressé à autrui est une charité. La recommandation du bien et la proscription du mauvais est une charité. Aider celui qui a perdu son chemin est une charité. Diriger

---

[1] Rapporté par •al-Marwazī dans *Musnad Abī Bakr*, p. 73 §21. •Aḥmad b. Ḥanbal dans *Faḍā'il al-Ṣaḥāba*, 1:439 §700.

[2] Rapporté par •al-Bukhārī dans *al-Ṣaḥīḥ*, 5:2241 §5676. •Muslim dans *al-Ṣaḥīḥ*, 2:699 §1008.

[3] Rapporté par •Aḥmad b. Ḥanbal dans *al-Musnad*, 3:360 §14920. •al-Tirmidhī dans *al-Sunan*, 4:347 §1970.

l'aveugle sur son chemin est une charité. Retirer un débris, une épine ou une carcasse d'un chemin est une charité."[1]

98. D'après Anas b. Mālik ﷺ, le Messager de Dieu ﷺ à dit : "La charité dissipe le courroux divin et éloigne d'une mauvaise fin."[2]

99. Maymūna, fille de Saᶜd ﷺ relate qu'elle fit part de son interrogation : "Ô Messager de Dieu, instruisez-nous au sujet de la charité." Le Prophète ﷺ répondit : "Quiconque fait la charité en souhaitant la rétribution et le contentement de Dieu, se verra gratifier d'un abri contre le feu de l'Enfer."[3]

100. D'après Rāfiᶜ b. Khadīj ﷺ, Le Messager de Dieu ﷺ disait : "La charité est une immunité contre soixante-dix portes menant au mal"[4]

101. Dans une autre tradition prophétique, Abū Hurayra ﷺ relate que Le Messager de Dieu ﷺ a dit : "Effectivement, l'Homme est rétribué pour la science qu'il enseigna et propagea même après sa mort ; (mais également) pour une descendance pieuse comme héritière ; pour le legs d'une copie du Coran ; pour l'édification d'une mosquée ; pour l'auberge destinée à l'étranger ; pour l'acheminement de l'eau ; pour les aumônes faîtes à partir de son patrimoine. La rétribution de tous ses actes ne s'estompe pas, même après le trépas."[5]

102. D'après Muᶜādh b. Anas ﷺ, le Prophète ﷺ à dit : "Quiconque propage la science, se verra attribuer la rétribution de celui qui la met en pratique, sans rien retirer (à celui la met en pratique)."[6]

---

[1] Rapporté par •al-Tirmidhī dans *al-Sunan*, 4:339 §1956.

[2] Rapporté par •al-Tirmidhī dans *al-Sunan*, 3:52 §664. •Ibn Ḥibbān dans *al-Ṣaḥīḥ*, 8:103 §3309.

[3] Rapporté par •al-Ṭabarānī dans *al-Muᶜjam al-Kabīr*, 25:35 §62.

[4] Rapporté par •al-Ṭabarānī dans *al-Muᶜjam al-Kabīr*, 4:274 §4402.

[5] Rapporté par •Ibn Mājah dans *al-Sunan*, 1:88 §242.

[6] Rapporté par •Ibn Mājah dans *al-Sunan*, 1:88 §240. •al-Ṭabarānī

103. Selon Abū al-Dardā' ﷺ, le Messager de Dieu ﷺ a dit : "Ne vous informerai-je pas d'une chose meilleure que le jeûne, la prière ou l'aumône prescrite ? L'assemblée acquiesça. Le Prophète ﷺ dit alors "promouvoir la réconciliation, là où la discorde engendre l'inimitié."[1]

104. D'après ʿAbd Allāh b. ʿAmr ﷺ, Le Messager de Dieu ﷺ disait : "La meilleure des formes de charité est de réconcilier deux proches parents."[2]

105. Selon Abū Umāma ﷺ, le Messager de Dieu ﷺ dit à Abu Ayyub b. Zayd : "Ne souhaites-tu pas connaître une action chère aux yeux de Dieu et de Son Messager?" Sa réponse fut affirmative : "Evidemment, Ô Messager de Dieu !" Le Prophète ﷺ dit alors : "Lors d'une querelle, sois le médiateur ! Et lorsque de la distance s'établit entre eux, rapproche-les !"[3]

106. SES INVOCATIONS

(1) Lorsqu'il se trouvait dans une situation plaisante, il disait : "Toute la louange est à Dieu par la grâce duquel les bonnes nouvelles s'établissent sur terre." Lorsqu'il était confronté à une chose déplaisante, il disait : Toute la louange est à Dieu et cela quelques soient les circonstances."[4] Lors d'un serment, il disait : "Par Celui détenant la vie d'Abu al-Qasim entre Ses mains."[5]

---

dans *al-Muʿjam al-Kabīr*, 20:198 §446.

[1] Rapporté par •Aḥmad b. Ḥanbal dans *al-Musnad*, 6:444 §27548. •Abū Dāwūd dans *al-Sunan*, 4:280 §4919.

[2] Rapporté par •al-Quḍāʿī dans *Musnad al-Shihāb*, 2:244 §1280. •ʿAbd b. Ḥumayd dans *al-Musnad*, 1:135 §335.

[3] Rapporté par •al-Ṭabarānī dans *al-Muʿjam al-Kabīr*, 8:257 §7999.

[4] Rapporté par •Ibn Mājah dans *al-Sunan*, 2:1250 §3803.

[5] Rapporté par •Aḥmad b. Ḥanbal dans *al-Musnad*, 3:48 §11462. •Abū Dāwūd dans *al-Sunan*, 3:225 §3264.

(2) Lorsqu'il se couchait, il déposait sa main sous sa joue et disait : "En Ton Nom, Ô mon Dieu je vis et meurs !"[1] Lorsqu'il allait au lit, il prononçait la parole suivante : "Au Nom de Dieu, je m'allonge sur le côté, Ô Dieu pardonne mes péchés et libère moi de mon démon. Réalise ma promesse, fais que mes bonnes actions soient lourdes sur la balance et place-moi dans la plus haute assemblée."[2]

(3) En quête de l'eau de pluie, il priait ainsi : "Ô mon Dieu procure un breuvage à tes serviteurs, embrasse-les de Ta Clémence et réveille la terre morte" et également : "Ô mon Dieu, parsème Tes bienfaits, Tes ornements et Tes demeures sur Terre. Pourvois à notre subsistance, Tu es (assurément) Le Pourvoyeur par excellence".[3]

(4) Lorsque le vent du nord se déchaînait, il disait : "Ô mon Dieu, je cherche protection auprès de Toi contre le mal présent."[4]

(5) Lorsqu'attristé par une situation, il priait ainsi : "Le culte n'est point nécessaire au Seigneur, la création n'est point nécessaire au Créateur, la pitance n'est point nécessaire au Pourvoyeur. Lui, me suffit ! Dieu me suffit ; nul autre Dieu que Lui ! Dieu me suffit. C'est en Lui que je place ma confiance et Il est le Seigneur du glorieux Trône."[5]

(6) Matin et soir, il priait ainsi : "Ô mon Dieu, fais-moi parvenir des bonnes nouvelles, et je cherche refuge auprès de toi contre tout mal, le serviteur est, en effet, démuni contre ce qui lui advient matin ou soir."[6]

---

[1] Rapporté par •al-Bukhārī dans *al-Ṣaḥīḥ*, 5:2327 §5955.

[2] Rapporté par •al-Bukhārī dans *al-Ṣaḥīḥ*, 6:2691 §6958.

[3] Rapporté par •Abū Dāwūd dans *al-Sunan*, 1:305 §1176.

[4] Rapporté par •Abū Dāwūd dans *al-Sunan*, 4:326 §5099.

[5] Rapporté par •al-Suyūṭī dans *Shamā'il al-Sharīfa*, p. 90 §111. •al-Hindī dans *Kanz al-ʿUmmāl*, 7:28 §18009.

[6] Rapporté par •Ibn al-Sunnī dans *ʿAmal al-Yawm wa al-Layla*, p. 40 §39.

(7) Lorsqu'il quittait sa couche au matin, puis au coucher du soleil, il répétait : "L'aube se lève sur nous comme apôtre de la religion, de l'Islam, du pur monothéisme et de la religion de notre Prophète Muhammad, et de la croyance de notre père Abraham qui était droit et qui était de ceux qui n'associait rien ni personne à Dieu."[1]

(8) Lors de la rupture du jeûne, il prononçait ces paroles : "Mon Seigneur, j'ai jeûné pour Ton amour et j'ai rompu mon jeûne par Ta Providence. Accepte donc mon jeûne, Celui qui entend tout et sait tout.[2] Toute la louange est à Dieu qui m'a assisté dans mon jeûne et qui me pourvoit par une subsistance lors de la rupture du jeûne."[3] Lorsqu'il rompait son jeûne chez un compagnon, il priait ainsi "un jeûneur a rompu son jeûne chez vous, les anges ont alors invoqué les bénédictions en votre faveur."[4]

(9) Lorsqu'il consommait de la nourriture ou une boisson, il prononçait : "Toute la louange est à Dieu qui nourrit et qui abreuve. Il a rendu cela agréable et également permis un exutoire."[5]

(10) Lorsque pénétrant sa demeure, il prononçait : "Toute la louange est à Dieu qui procure nourriture et boisson. Il pourvoit suffisamment et nous donne un abri. Combien sont ceux qui ne possèdent ni l'un, ni l'autre."[6]

(11) Lorsqu'il changeait de côté dans sa couche, il prononçait cette formule : "Nul autre dieu que Dieu, l'Unique, l'Eternel, le Prééminent, le Seigneur des cieux et de la terre

---

[1] Rapporté par •Aḥmad b. Ḥanbal dans *al-Musnad*, 3:406 §153979. •al-Nasā'ī dans *al-Sunan al-Kubrā*, 6:3 §9829.

[2] Rapporté par •al-Ṭabarānī dans *al-Muʿjam al-Kabīr*, 12:146 §12720.

[3] Rapporté par •Ibn Abī Shayba dans *al-Muṣannaf*, 2:344 §9744.

[4] Rapporté par •Aḥmad b. Ḥanbal dans *al-Musnad*, 3:201 §13108. •Abū Dāwūd dans *al-Sunan*, 3:367 §3854.

[5] Rapporté par •Abū Dāwūd dans *al-Sunan*, 3:366 §3851.

[6] Rapporté par •Muslim dans *al-Ṣaḥīḥ*, 4:2085 §2715.

et de tout ce qui se trouve entre eux, le Glorieux et le Tout-Pardonneur."[1]

(12) Lors d'une situation troublante, il répétait : "Nul autre dieu que Dieu, le Clément, le Généreux. Gloire à Dieu, le Seigneur du trône glorieux. Toute la louange est à Dieu, le Seigneur de l'univers."[2]

(13) Lorsqu'il pressentait un mal provenant d'un ennemi, il prononçait cette prière : "Ô mon Dieu, nous Te présentons devant eux et cherchons refuge de leur malveillance auprès de Toi."[3]

(14) Lorsqu'il suspectait une malveillance à son égard, il priait ainsi :"Ô mon Dieu, accorde nous Tes bénédictions ici et ne nous le rend pas nuisible."[4]

(15) Lorsque quittant sa demeure, il disait : "Au nom de Dieu ! La confiance est (uniquement) en Dieu. N'existe aucune force ni pouvoir autre que celui de Dieu.'[5] ou prononçait : "Au nom de Dieu ! Ma confiance est en Dieu. Ô mon Dieu nous cherchons refuge auprès de toi, contre le fait de chanceler, de commettre ou subir un tort, par crainte de subir la bêtise d'autrui."[6] Parfois il implorait ainsi : "Au Nom de Dieu, Mon Seigneur, je cherche refuge auprès de Toi contre toute défaillance de ma part ou que je dévoie autrui ou que je commette ou subisse un tort ou que j'agisse sans clairvoyance ou qu'autrui agisse ainsi à mon égard."[7] Il lui arrivait de prononcer aussi : "Au nom de

---

[1] Rapporté par •al-Nasā'ī dans *al-Sunan al-Kubrā*, 6:216 §10700. •Ibn Ḥibbān dans *al-Ṣaḥīḥ*, 12:340 §5530.

[2] Rapporté par •al-Bukhārī dans *al-Ṣaḥīḥ*, 5:2336 §5986. •al-Tirmidhī dans *al-Sunan*, 2:344 §479.

[3] Rapporté par •Aḥmad b. Ḥanbal dans *al-Musnad*, 4:414 §19735.

[4] Rapporté par •Ibn al-Sunnī dans ʿAmal al-Yawm wa al-Layla, 1:171 §208. •al-Suyūṭī dans *al-Shamā'il al-Sharīfa*, p. 123 §178.

[5] Rapporté par •Abū Dāwūd dans *al-Sunan*, 4:325 §5095.

[6] Rapporté par •Aḥmad b. Ḥanbal dans *al-Musnad*, 6:306 §26658.

[7] Rapporté par •al-Nasā'ī dans *al-Sunan*, 8:285 §5539.

Dieu ! Ma confiance est en Dieu. Ô mon Dieu, je cherche
refuge auprès de Toi contre tout dévoiement de ma part
ou de mon fait, de tout tort de ma part, d'un manque de
clairvoyance de ma part, de toute oppression de ma part."[1]

(16) Quand il entrait dans une mosquée, il disait : "Je cherche
refuge auprès de Dieu, le Magnifique, dans son Être
glorieux, et dans Sa Domination éternelle contre le diable
maudit."[2]

(17) Parfois, en entrant dans une mosquée, il disait aussi :
"Au nom de Dieu, que la paix soit sur le Messager de Dieu.
Ô Dieu, pardonne-moi pour mes péchés et ouvre-moi les
portes de Ta miséricorde."[3] Parfois, il invoquait : "Au
nom de Dieu, que la paix soit sur le Messager de Dieu. Ô
Dieu, pardonne mes péchés et ouvre-moi les portes de Ta
grâce et de Ta faveur."[4] Sinon, il disait : "Mon Seigneur,
pardonne-moi pour mes péchés et ouvre-moi les portes
de Ta miséricorde."[5] Ou il prononçait : "Mon Seigneur
pardonne mes péchés et ouvre-moi les portes de Ta grâce
et de Ta faveur."[6] Ou il disait encore : "Au nom de Dieu !
Mon Seigneur, que les bénédictions soient sur Muhammad
et la famille de Muhammad ﷺ"[7]

(18) Quand il se rendait sur une place de marché, il invoquait :
"Au nom de Dieu ! Ô, Dieu je Te demande le bien de ce
marché et le bien qu'il renferme ; et je cherche refuge auprès
de Toi contre le mal de celui-ci et le mal qu'il renferme. Ô

---

[1] Rapporté par •al-Suyūṭī dans *al-Shamāʾil al-Sharīfa*, p. 127 §186. •al-
Hindī dans *Kanz al-ʿUmmāl*, 7:54 §18420.

[2] Rapporté par •Abū Dāwūd dans *al-Sunan*, 1:127 §466.

[3] Rapporté par •Aḥmad b. Ḥanbal dans *al-Musnad*, 6:283 §26460. •Ibn
Mājah dans *al-Sunan*, 1:253 §771.

[4] Ibid.

[5] Rapporté par •al-Tirmidhī dans *al-Sunan*, 2:127 §314.

[6] Ibid.

[7] Rapporté par •al-Suyūṭī dans *al-Shamāʾil al-Sharīfa*, p. 138 §203. •al-
Hindī dans *Kanz al-ʿUmmāl*, 7:25 §17964.

Dieu, je cherche refuge auprès de Toi de peur de conclure une affaire me faisant encourir une perte ou de me retrouver face à un faux serment."[1]

(19) Lorsqu'il visitait les cimetières, il s'adressait aux tombes : "Que la paix soit sur vous, ô âmes mortelles, à la chair décomposée et aux os dépéris, qui ont quitté ce monde en croyant en Dieu. Ô Dieu, insuffle-leur une âme et transmets-leur nos salutations."[2]

(20) Quand il pleuvait, il invoquait : "Ô Dieu, fais que ce soit une averse profitable."[3]

(21) Lorsqu'il voyait la nouvelle lune, il invoquait : "Ô Dieu, que l'apparition de cette nouvelle lune nous apporte la paix, la foi, la sécurité et l'Islam. Mon Seigneur et ton Seigneur est Dieu.".[4]

Ou bien : "Ô Dieu, je Te demande de répandre tout le bien de ce mois et je cherche refuge auprès de Toi contre les malheurs du destin et les malheurs du Jour du Jugement."[5]

(22) Il priait que ce nouveau mois soit une source de bien : "Ô Dieu, que cette nouvelle lune soit une lune de prospérité et de bonne direction.[6]

(23) Quand une chose l'importunait il disait : "Dieu est mon Pourvoyeur, Il n'a point d'associé."[7]

(24) Il félicitait les nouveaux mariés par le biais de cette invocation : "Que Dieu vous bénisse et vous unisse tous les deux dans le bonheur."[8]

---

[1] Rapporté par •al-Ḥākim dans *al-Mustadrak*, 1:723 §1977.

[2] Rapporté par •Ibn al-Sunnī dans *ʿAmal al-Yawm wa al-Layla*, p. 545 §593. •al-Hindī dans *Kanz al-ʿUmmāl*, 7:60 §18517.

[3] Rapporté par •al-Bukhārī dans *al-Ṣaḥīḥ*, 1:349 §985.

[4] Rapporté par •Aḥmad b. Ḥanbal dans *al-Musnad*, 1:162 §1397. •al-Tirmidhī dans *al-Sunan*, 5:504 §3451.

[5] Rapporté par •Ibn Abī Shayba dans *al-Muṣannaf*, 2:342 §9727.

[6] Rapporté par •Abū Dāwūd dans *al-Sunan*, 4:324 §5092.

[7] Rapporté par •al-Nasāʾī dans *al-Sunan al-Kubrā*, 6:168 §10493.

[8] Rapporté par •Abū Dāwūd dans *al-Sunan*, 2:241 §2130.

(25) Il levait souvent les yeux au ciel en récitant : "Ô toi qui
guide les coeurs, garde mon coeur sur le chemin de ton
obéissance."[1]

(26) Lorsqu'il voyait les éclairs ou entendait le tonnerre, il
disait : "Ô Dieu, ne nous tue pas par Ta colère et ne nous
détruis pas avec Ta punition, mais préserve-nous avant
cela."[2]

(27) Après s'être désaltéré, il disait : "Louange à Dieu qui a
étanché notre soif, par Sa miséricorde, avec de l'eau douce
et fraîche. Louange à Lui pour ne pas l'avoir rendu salée
par nos péchés."[3]

(28) Lorsqu'une tempête se préparait, il invoquait : "Ô Dieu,
je T'implore le bien de celle-ci et le bien de ce qui a été
envoyé avec elle. Je cherche refuge auprès de Toi contre le
mal de celle-ci et le mal de ce qui a été envoyé avec elle."[4]

(29) S'il éternuait, il disait : "Louange à Dieu !". Et quand
ceux qui étaient autour de lui répondaient : "Que Dieu ait
de la miséricorde pour toi", il répliquait : "Que Dieu vous
guide et qu'Il vous rende vertueux."[5]

(30) Après les repas, il invoquait : "Louange à Dieu qui nous a
nourri, nous a donné à boire et a fait de nous des musulmans.
Ô Dieu, louange à Toi ! Tu nous as nourri, en comblant
notre faim. Tu nous as donné à boire en appaisant notre
soif. Par conséquent, qu'une louange incessante, continue
et indispensable Te soit rendue."[6]

Ou bien, il faisait cette prière : "Ô Dieu, Tu nous as
nourri et donné à boire. Tu nous as accordé la richesse et

---

[1] Rapporté par •Aḥmad b. Ḥanbal dans *al-Musnad*, 2:418 §9410.

[2] Rapporté par •Aḥmad b. Ḥanbal dans *al-Musnad*, 2:100 §5763.

[3] Rapporté par •al-Ṭabarānī dans *al-Duʿāʾ*, p. 280 §899. •Abū Nuʿaym
dans *Ḥilya al-Awliyāʾ*, 8:137.

[4] Rapporté par •Muslim dans *al-Ṣaḥīḥ*, 2:616 §899.

[5] Rapporté par •al-Bukhārī dans *al-Ṣaḥīḥ*, 5:2298 §5870.

[6] Rapporté par •Aḥmad b. Ḥanbal dans *al-Musnad*, 4:236 §18096. •al-
Ṭabarānī dans *al-Muʿjam al-Kabīr*, 3:268 §3372.

Tu nous as guidé. Ô Dieu, toute la louange T'appartient pour ce que Tu as donné et ce que Tu as choisi."[1]

(31) En s'inclinant et en se prosternant, il disait : "Gloire à Toi. Toute la louange Te revient. Je cherche Ton pardon et je me tourne vers Toi dans le repentir."[2]

(32) Quand il se regardait dans le miroir, il disait : "Louange à Dieu qui a fort bien formé mon corps, l'a rendu symétrique, a façonné ma silhouette, l'a bien finie et m'a placé parmi les musulmans."[3]

(33) Lorsqu'un vent se levait, il y faisait face en disant : "Ô, Dieu nous T'implorons le bien de ce vent et le bien avec lequel il a été envoyé. Je cherche protection auprès de Toi contre son mal et le mal qu'il renferme. Ô Dieu, que ce vent soit une bénédiction miséricordieuse et qu'il ne soit pas un châtiment. Ô Dieu, que ce vent soit béni et qu'il ne soit pas un vent maudit."[4]

107. SON RETOUR VERS DIEU : Le Prophète ﷺ quitta le monde à l'âge de soixante-trois ans, au sein de la cité médinoise vers laquelle il avait émigré dix ans plus tôt. Les dernières paroles retranscrites du Prophète ﷺ furent un énième éloge de son Dieu : "La magnificence de Mon Seigneur ! Effectivement, ma mission est achevée"[5] puis rendit son dernier souffle au giron de son épouse adorée Aïcha ﷺ.

---

[1] Rapporté par •Aḥmad b. Ḥanbal dans *al-Musnad*, 4:62 §16646. •al-Nasā'ī dans *al-Sunan al-Kubrā*, 4:202 §6898. •al-Sunnī dans *ʿAmal al-Yawm wa al-Layla*, p. 416 §465.

[2] Rapporté par •al-Bazzār dans *al-Musnad*, 5:343–344 §1970. •al-Ṭabarānī dans *al-Muʿjam al-Kabīr*, 10:155 §10302.

[3] Rapporté par •al-Ṭabarānī dans *al-Muʿjam al-Awsaṭ*, 1:240 §787. •al-Sunnī dans *ʿAmal al-Yawm wa al-Layla*, p. 139 §165. •al-Bayhaqī dans *Shuʿab al-Īmān*, 4:111 §4458.

[4] Rapporté par •al-Ṭabarānī dans *al-Muʿjam al-Kabīr*, 11:213 §11533. •Abū Yaʿlā dans *al-Musnad*, 4:341 §2456. •al-Haythamī dans *Majmaʿ al-Zawāʾid*, 10:135.

[5] Rapporté par •al-Ḥākim dans *al-Mustadrak*, 3:58 §4387. •al-Suyūṭī dans *al-Shamāʾil al-Sharīfa*, p.376 §722.

Son dernier sermon fut ces quelques mots :"ne délaissez pas la prière, ne délaissez pas la prière, ne délaissez pas la prière. Redoutez (la colère) de Dieu dans votre traitement de ceux qui sont sous votre responsabilité."[1]

108. L'HÉRITAGE DE SON ENSEIGNEMENT : Lors du Califat de ʿUmar ﷺ, alors que celui-ci était en compagnie de ses semblables, trois jeunes hommes se présentèrent à lui. Parmi ces jeunes, deux prirent la parole : "Nous sommes deux frères. Alors que notre père travaillait dans le champ, il fut assassiné par cet homme que nous avons acheminé vers toi afin que tu lui fasses justice. Juge donc selon le Livre de Dieu." Le Calife demanda alors à l'accusé de prendre la parole.

Celui-ci dit alors : "S'il n'existe aucun témoin de la scène, Dieu l'Omniprésent sait que les paroles de ces hommes sont vraies. Je regrette amèrement le sort de leur père. Je suis un bédouin, arrivé à Médine ce matin seulement pour visiter le lieu de repos de notre Prophète ﷺ. Je m'apprêtais à réaliser mes ablutions en descendant de ma monture lorsque celle-ci se mit à brouter les branches d'un dattier qui étaient accessibles depuis la ruelle. Je me précipitai afin de retenir mon cheval lorsqu'un vieil homme colérique, une pierre à la main, jaillit. Il balança cette roche sur mon cheval, le tuant instantanément. Par amour pour ma bête, je vis rouge, et pris cette même roche pour la balancer à mon tour sur le vieil homme. Il tomba raide mort. J'aurais alors pu m'échapper mais où fuir ? Je choisis ma peine ici-bas plutôt que le châtiment éternel de l'au-delà. Ma volonté ne fut jamais de tuer cet homme mais il est bien mort de ma main. Le jugement, lui, t'appartient."

Le Calife dit alors : "C'est un meurtre, la loi exige le talion, la peine sera égale au crime."

---

[1] Rapporté par •Khaṭīb Baghdādī dans *Tārīkh Baghdād*, 10:169 §5307. •al-Hindī dans *Kanz al-ʿUmmāl*, 7:113 §18864.

A l'écoute de la prononciation de la peine, le jeune homme demeura impassible et dit sobrement : "Ainsi soit-il ! Cependant une fortune destinée à un orphelin est à ma charge, je dois lui transmettre ce patrimoine une fois que ce dernier sera mature. J'ai enfoui cette fortune afin de la conserver, il est de mon devoir de la déterrer et de la confier à autrui avant l'application de la peine afin que ma sanction n'en soit pas une également pour cet orphelin. Laisse-moi trois jours afin de mener à bien cette mission."

Le Calife répondit : "Je ne peux t'accorder cette requête sauf si un autre individu choisit de se porter garant de ta vie."

Ô Prince des Croyants' répliqua le jeune homme, J'aurais pu fuir si tel était mon souhait, mon être transpire la crainte de Dieu, sois certain de mon retour."

ʿUmar ﷺ, homme de loi, refusa à nouveau sa requête. Le jeune homme jeta un regard alors à l'assemblée du Calife et désigna Abu Dharr al-Ghiffari ﷺ puis dit : "Cet homme sera mon garant". Abu Dharr ﷺ était un homme de foi et sa parole était respectée. Il accepta de se porter garant pour le jeune homme et donc de subir la peine si jamais l'accusé venait à fuir.

A l'aube du troisième jour, les fils de la victime se présentèrent au Calife. Abū Dharr al-Ghifārī ﷺ était également présent, mais l'accusé manquait à l'appel. Les fils dirent alors : "Ô Abū Dharr ﷺ tu t'es porté garant pour un inconnu. S'il nous a tous trompés, nous ne quitterons pas cette place sans avoir obtenu le prix du sang."

Le Calife dit à son tour : "Effectivement si l'homme ne retourne pas alors l'application de la peine est dûe au garant." Par crainte d'un tel revirement, les gens en présence versèrent des larmes abondantes, Abū Dharr ﷺ étant un vertueux parmi les vertueux et son comportement une inspiration pour tous les habitants de Médine.

Au soir du troisième jour, la stupéfaction, le chagrin et la peine atteignirent leur point culminant. Soudain, l'attente prit fin et le jeune homme apparut, essoufflé et en sueur. Il dit alors à bout de souffle : "Mes plus plates excuses de vous avoir causé cette grande inquiétude. Ma tâche était grande, le désert chaud, et le voyage long. Je suis dorénavant prêt à recevoir ma sentence."

L'homme fit alors face à la foule et s'exclama : "L'homme de foi est fidèle à sa parole, celui qui manque à sa parole est un hypocrite ! Qui peut échapper à la mort, elle est une providence qui s'applique tôt ou tard. Pensiez-vous que j'allais disparaître et faire dire aux gens que les musulmans ne tiennent plus parole ?"

La foule (impressionnée par ce sermon du condamné) se tourna vers Abū Dharr ﷺ puis l'interrogea : "Avais-tu connaissance de l'impeccable caractère de jeune homme ?" Abū Dharr ﷺ répondit : "Absolument pas mais je n'ai pu lui refuser sa requête, cela ne correspondait pas aux bonnes mœurs. Pensiez-vous j'allais être celui qui fera dire aux gens qu'il ne subsiste aucune bonté en Islam ?"

Le cœur des deux fils vacillèrent et ils finirent par abandonner leur revendication en annonçant : "Pensiez-vous que nous serions ceux qui feront dire aux gens qu'il ne subsiste aucune compassion en Islam ?"[1]

109. ʿAlī ﷺ, le dernier calife dit "bien-guidé", celui surnommé le lion de Dieu, le symbole de la connaissance et de la loyauté, le père des petits-fils du Prophète ﷺ, était un féroce guerrier. Lors d'un duel à l'épée, un ennemi était à sa merci et sa dague se trouvait sur sa gorge. L'ennemi, dans un dernier élan de désespoir, cracha à la figure du futur calife. Contre toute attente, ʿAlī ﷺ délaissa l'homme, rengaina son épée et lui dit : "Ta vie m'est maintenant illicite, va-t'en !" L'homme qui avait sauvé sa vie en crachant à la

---

[1] Rapporté par •al-Itlīdī dans *Nawādir al-Khulafā*ʾ generally known as *Iʿlām al-Nās bimā Waqaʿa liʾl-Barāmika maʿ Banī al-ʿAbbās*, p. 11. •Luʾīs Shaykhū al-Yasūʿī dans *Majānī al-Adab fī Ḥadāʾiq al-ʿArab*, 4:230.

figure de son adversaire fut stupéfait. Il s'exclama : "Ô Ali, j'étais impuissant, je t'ai insulté et tu m'as épargné. Quelle est donc la raison de cette clémence ?" ʿAlī 🙵 répondit : "Lorsque tu m'as insulté par ton crachat, mon égo fit surface et requis de moi de laver cet affront. Si j'avais répondu à cette pulsion, ma lutte n'était alors plus dans le sentier de Dieu mais dans celui de mon égo. Je serai alors un assassin. Tu es libre.

Le guerrier ennemi, ému par l'intégrité folle dégagée par son adversaire finit par se convertir à l'Islam.[1]

110. Il est relaté par ʿAbd Allāh b. Masʿūd 🙵 dit que Le Prophète 🙵 de Dieu disait : "Effectivement, Dieu m'a doté du meilleur comportement et a parfait mes mœurs. Puis Il m'a ordonné de m'en tenir au plus noble des caractères : ❴*Ô Mon Estimable Bien-Aimé ! Sois longanime, recommande toujours la piété et éloigne-toi des ignorants*❵ [Coran: 7:199].'"[2]

---

[1] Rapporté par •al-Mullā ʿAlī al-Qārī dans *Mirqāt al-Mafātīḥ sharḥ Mishkāt al-Maṣābīḥ*, 7:10.

[2] Rapporté par •al-Samʿānī dans *Adab al-Imlāʾ waʾl-Istimlāʾ*, p. 1. •al-Sakhāwī dans *al-Maqāṣid al-Ḥasana*, 1:73 §45. •al-Munāwī dans *Fayḍ al-Qadīr*, 1:225.

Deuxiéme Partie

Fresque thématique de l'excellence Muhammadienne

I

La Plus Noble Lignée

Le Prophète Muhammad ﷺ naquit dans une famille modeste de noble lignée. Descendant du Prophète Abraham ﷺ, il était issu de la meilleure des tribus arabes, la tribu de Quraych. Au sein de Quraych, il venait de la plus noble des familles, connue sous le nom du clan de Hāshim. Son grand-père, ʿAbd al-Muṭṭalib ﷺ était le gardien de la Kaʿba et le chef de la Mecque. Ainsi, il était issu d'une lignée noble, d'une famille honorable et hautement respectée.

Informant ses Compagnons ﷺ à propos de son milieu familial, le Prophète Muhammad ﷺ a dit : "Je suis Muhammad b. ʿAbd Allāh b. ʿAbd al-Muṭṭalib. En effet Dieu a créé la création et Il m'a introduit dans le meilleur des groupes. Puis, Il les a constitués en deux camps. Il m'a mis alors dans le meilleur d'entre eux. Puis, Il les a constitués en tribus et m'a placé dans la meilleure des tribus. Il en a fait des familles. Il m'a alors mis dans la meilleure d'entre elles en termes de tribus et de lignées.'[1]

---

[1] Rapporté par •Aḥmad b. Ḥanbal dans *al-Musnad*, 1:210 §1788. •al-Tirmidhī dans *al-Sunan*, 5:543, 584 §§§3532, 3607–3608.

2

LA PERSONNIFICATION DE LA BEAUTÉ

Les Compagnons du Prophète ﷺ avaient conservé une description précise de la beauté physique du Prophète Muhammad ﷺ. Ils disaient qu'il était doté du visage des plus agréable et du plus beau caractère.[1] Ils s'accordaient à dire qu'il n'y avait personne de plus beau que lui.[2]

Concernant son aspect physique, ils mentionnaient qu'il avait une apparence brillante, comme s'il était fait de lumière[3] et que ses dents scintillaient telles des perles.[4] Il n'était ni trop grand ni trop petit mais légèrement plus grand que la moyenne. Son corps était parfaitement proportionné.[5] Son visage n'était ni long ni rond mais entre les deux.[6] Sa peau était aussi douce que la soie[7] et il avait une odeur comparable à celle du musc.[8]

---

[1] Rapporté par •al-Bukhārī dans *al-Ṣaḥīḥ*, 3:1303 §3356. •Muslim dans *al-Ṣaḥīḥ*, 4:1819 §2337.

[2] Rapporté par •al-Bukhārī dans *al-Ṣaḥīḥ*, 3:1303 §3358. •Muslim dans *al-Ṣaḥīḥ*, 4:1818 §2337.

[3] Rapporté par •al-Dārimī dans *al-Sunan*, 1:44 §57.

[4] Rapporté par •al-Tirmidhī dans *al-Shamāʾil al-Muḥammadiyya*, pp. 36–38 §8. •al-Ṭabarānī dans *al-Muʿjam al-Kabīr*, 22:155–156.

[5] Rapporté par •al-Tirmidhī dans *al-Sunan*, 5:599 §3638.

[6] Rapporté par •al-Bayjūrī dans *al-Muwāhib al-Laduniyya ʿalā al-Shamāʾil al-Muḥammadiyya*, p. 25.

[7] Rapporté par •al-Bukhārī dans *al-Ṣaḥīḥ*, 2:696 §1872.

[8] Rapporté par •al-Bukhārī dans *al-Ṣaḥīḥ*, 2:696 §1872.

Les cheveux du Prophète ﷺ étaient noirs,[1] et ils n'étaient ni frisés ni raides mais modérément ondulés.[2] Ses cheveux étaient longs et ils arrivaient au bas de son oreille ou au niveau de ses épaules.[3] Au moment de rejoindre son Seigneur, à l'âge de 63 ans, le Prophète ﷺ avait seulement quelques mèches de cheveux blancs qui, selon certaines narrations, n'apparaissent pas dans plus de quatorze mèches.[4] Son front était large,[5] et ses sourcils étaient fins.[6] Quand il parlait, on pouvait voir une lumière qui semblait émaner de sa bouche, comme s'il était fait de lumière.[7]

---

[1] Rapporté par •Maʿmar b. Rāshid dans *al-Jāmiʿ*, 11:259 §20490.

[2] Rapporté par •al-Bukhārī dans *al-Ṣaḥīḥ*, 5:2212 §5566. •Muslim dans *al-Ṣaḥīḥ*, 4:1819 §2338.

[3] Rapporté par •al-Bukhārī dans *al-Ṣaḥīḥ*, 5:2211 §5561. •Muslim dans *al-Ṣaḥīḥ*, 4:1818 §2337.

[4] Rapporté par •Aḥmad b. Ḥanbal dans *al-Musnad*, 3:165 §12713. •ʿAbd al-Razzāq dans *al-Muṣannaf*, 11:155 §20185.

[5] Rapporté par •al-Tirmidhī dans *al-Shamāʾil al-Muḥammadiyya*, p. 37 §8. •Ibn Ḥibbān dans *al-Thiqāt*, 2:145–146.

[6] Rapporté par •Abū Yaʿlā dans *al-Musnad*, 12:213 §6830.

[7] Rapporté par •al-Dārimī dans *al-Sunan*, 1:44 §58. •al-Tirmidhī dans *al-Shamāʾil al-Muḥammadiyya*, p. 41 §15.

3

LE POSSESSEUR D'EXCELLENTS NOMS ET TITRES

Le Prophète Muhammad ﷺ avait de nombreux noms et des titres excellents. Son nom 'Muhammad' qui signifie 'Le Loué',[1] n'était pas commun chez les Arabes, avant lui.[2] Cependant, il fait partie des noms les plus communs dans le monde d'aujourd'hui. Il est estimé à près de cent cinquante millions le nombre de personnes dans le monde qui portent ce nom, et sous différentes variantes orthographiques.

Avant d'annoncer sa Prophétie, le Prophète Muhammad ﷺ était connu en tant que '*al-Amīn*', qui signifie 'l'Honnête'.[3] Ce titre lui fut donné par sa société parce qu'il était connu pour sa loyauté et son intégrité. De même, avant d'être envoyé en tant que Prophète de Dieu, les prophètes des premières communautés tels que les Prophètes Moïse ﷺ et Jésus ﷺ, avaient annoncé de bonnes nouvelles concernant son arrivée. Ils l'appelaient par le nom '*Aḥmad*', qui veut dire 'le Plus Loué'.[4] Ce nom vient de la même racine que le nom 'Muhammad'.

Discutant avec ses Compagnons des divers titres accordés aux Prophètes, Le Prophète Muhammad ﷺ dit qu'on lui avait conféré le titre de 'Ḥabīb Allāh' ce qui signifie 'le Bien-aimé de Dieu'.[5] Dans la Sainte Bible, on lui décerne le titre

---

[1] Rapporté par •al-Rāghib al-Aṣfahānī dans *al-Mufradāt*, p. 131.

[2] Rapporté par •al-Quṣṭulānī dans *al-Mawāhib al-Laduniyya*, 2:38.

[3] Rapporté par •al-Qurṭubī dans *al-Jāmiᶜ li-Aḥkām al-Qurʾān*, 6:416.

[4] Coran 61:6.

[5] Rapporté par •al-Tirmidhī dans *al-Sunan*, 5:587 §3616. •al-Dārimī

54

de 'Paraclete' qui veut dire 'l'Intercesseur'.[1] Le Prophète ﷺ a aussi obtenu ce titre en arabe qui correspond au mot *al-Shafīʿ*.[2] Ce titre lui est attribué parce que, lorsque le Jour du jugement viendra, le Prophète Muhammad ﷺ intercédera pour l'humanité, demandera le pardon pour les pêcheurs et priera pour eux afin qu'ils soient libérés du feu de l'Enfer.

---

dans *al-Sunan*, 1:42 §54.

[1] Rapporté par •Qāḍī ʿIyāḍ dans *al-Shifāʾ*, 1:321. •al-Quṣṭulānī dans *al-Mawāhib al-Laduniyya*, 2:53. •al-Suyūṭī dans *al-Riyāḍ al-Anīqa fī Sharḥ Asmāʾ Khayr al-Khalīqa*, p. 129.

[2] Rapporté par •al-Tirmidhī dans *al-Sunan*, 5:587 §3616. •al-Dārimī dans *al-Sunan*, 1:39, 42 §47, 54.

4

Celui Qui A La Plus Grande Moralité

Le Prophète Muhammad ﷺ déclara : "J'ai été envoyé pour sublimer les nobles caractères." Aux yeux du Prophète bien-aimé de Dieu ﷺ, montrer un bon caractère ainsi qu'un comportement moral excellent était extrêmement important. Toute sa vie fut une démonstration pratique du bon caractère et des excellentes mœurs. Dieu le loua dans le Coran en disant : ﴾*En effet, vous avez dans le Messager d'Allah un excellent modèle [à suivre], pour quiconque espère en Allah et au Jour dernier et invoque Allah fréquemment.*﴿ [Coran: 33:21.]

Telle est l'importance du bon caractère et de la morale que le Prophète Muhammad ﷺ exposa : "En effet, celui que j'aimerai le plus, parmi vous, et qui s'assoira à mes côtés, lors du Jour du Jugement est celui qui a le meilleur caractère. En effet, le plus détestable parmi vous et celui qui sera le plus loin de moi, au Jour du jugement ... est l'arrogant."[1]

---

[1] Rapporté par •Aḥmad b. Ḥanbal dans *al-Musnad*, 2:185 §6735. •al-Tirmidhī dans *al-Sunan*, 4:370 §2018.

5

LE PLUS HUMBLE

Le Prophète bien-aimé de Dieu ﷺ était humble et il aimait la modestie et l'humilité. Il détestait la fierté et l'arrogance. Par humilité,[1] il s'asseyait à même le sol et y mangeait. Il acceptait les invitations des esclaves et consommait la même nourriture qu'eux. Il participait aux tâches ménagères au sein de sa famille, et s'asseyait avec les pauvres et les faibles. Il enseignait à ne pas se sentir supérieur aux autres, car celui qui pense ainsi pourrait bien être rabaissé par Dieu.[2]

---

[1] Rapporté par •Muslim dans *al-Ṣaḥīḥ*, 4:2198 §2865.

[2] Rapporté par •al-Bukhārī dans *al-Ṣaḥīḥ*, 5:2255 §5724. •al-Tirmidhī dans *al-Sunan*, 3:337 §1017. •al-Ṭabarānī dans *al-Muʿjam al-Kabīr*, 12:67 §12494. •al-Bayhaqī dans *Shuʿab al-Īmān*, 6:290 §8192.

6

LE PLUS VÉRIDIQUE ET LE PLUS HONNÊTE

Abū Sufyān ﷺ faisait partie des Mecquois qui embrassèrent l'Islam, à la fin de la vie du Prophète ﷺ. Durant la majeure partie des vingt trois ans de la période prophétique, il s'était opposé à l'Islam et avait mené des guerres violentes contre le Messager ﷺ. Avant sa conversion, il alla en voyage d'affaires en Syrie. Il se retrouva à la cour d'Héraclius qui le questionna à propos du Prophète Muhammad ﷺ : "L'as- tu déjà accusé de mentir avant qu'il prétende être Prophète?" Abū Sufyān répondit, "Non." Héraclius questionna alors : "Rompt-il ses promesses ?" "Non", répliqua Abū Sufyān.

Commentant la réponse de Abū Sufyān, Héraclius déclara : "S'il ne ment pas aux gens alors, certainement, il ne mentira pas à propos de Dieu... Telle est la pratique des prophètes qui ne trompent pas les autres." En effet, le Prophète ﷺ était connu pour sa sincérité et son honnêteté au sein de son peuple et même chez ses ennemis les plus acharnés qui lui confiaient alors leurs objets précieux et leurs effets personnels, car ils savaient qu'il n'y avait personne de plus honnête et de plus digne de confiance que lui. Lorsque le rabbin juif, ʿAbd Allāh b. Salām vit la première fois le Prophète ﷺ, Il déclara : "Quand je regardai le visage du Messager de Dieu je me rendis compte que son visage n'était pas celui d'un menteur."[1]

---

[1] Rapporté par •al-Bukhārī dans *al-Ṣaḥīḥ*, 1:7–8 §7. •Muslim dans *al-Ṣaḥīḥ*, 3:1393–1395 §1773.

7

Le Plus Juste Et
Le Plus Équitable

Le Prophète Muhammad ﷺ traitait les gens équitablement. Il ne permettait pas aux musulmans d'opprimer les non-musulmans et de s'en tirer à bon compte. Il ﷺ disait : "Si un musulman tue un chrétien, il sera tué en représailles."[1]

À une autre occasion, une femme issue des tribus puissantes de la Mecque fut reconnue coupable de vol. Alors, le Saint Prophète ﷺ prononça le jugement selon lequel elle devait être punie. Cependant, certains de ses Compagnons ﷺ essayèrent de plaider auprès du Prophète ﷺ afin qu'elle ne soit pas punie, parce qu'elle venait d'une riche famille. Mais le Prophète ﷺ au lieu de cela, se mit debout et s'adressa à ses Compagnons en disant : "Ceux qui vous ont précédés furent détruits, parce que, lorsque les notables parmi eux s'adonnaient au vol (c'est-à- dire commettaient un délit), ils les laissaient s'en tirer, mais si un pauvre volait, ils le punissaient (pour son délit). "Par Dieu, si Fāṭima, la fille de Muhammad, volait, je lui couperais la main aussi (c'est-à-dire, je la punirais pour son délit)."[2]

A travers cette anecdote, nous pouvons voir le principe d'égalité devant la loi selon lequel personne n'est au-dessus de la loi. La justice et l'équité du Prophète étaient si grandes qu'il ne permettait pas à l'élite de s'en tirer pour ses délits et de

---

[1] Rapporté par •al-Shāfiʿī dans *al-Musnad*, p. 343. •al-Bayhaqī dans *al-Sunan al-Kubrā*, 8:30 §15696.

[2] Rapporté par al-Bukhārī dans *al-Ṣaḥīḥ*, 3:1366 §3526. •Muslim dans *al-Ṣaḥīḥ*, 3:1315 §1688.

ne punir que le peuple. Il déclara que même sa propre famille
devait obéir à la loi et ne pas y contrevenir.

8

Le Plus Généreux

Le Prophète ﷺ n'avait jamais dit 'non' à quelqu'un qui lui demandait quelque chose.[1] Ceci s'explique par le fait qu'il était, d'entre les gens, la personne la plus généreuse, qui donnait aux autres, même s'il n'avait aucun bien en sa possession. Les Compagnons remarquaient qu'il offrait tant aux autres, qu'il semblait ne pas craindre la pauvreté.[2] En une certaine occasion, quelqu'un demanda au Prophète Muhammad ﷺ de lui donner un troupeau de moutons qui s'étend entre deux montagnes, et le Prophète ﷺ accepta sa requête. Quand cette personne retourna auprès des siens, elle dit : "Ô mon peuple ! Par Dieu, acceptez l'Islam car Muhammad donne si généreusement, qu'on croirait qu'il n'a pas peur de la pauvreté."[3]

Même si le Prophète ﷺ n'avait rien en sa possession, il ne repoussait pas lorsqu'un mendiant venait à lui.[4] Un jour, un homme vint lui demander de l'argent mais le Prophète ﷺ n'en avait pas. Alors, il dit à l'homme d'emprunter de l'argent en son nom et, au moment venu, il rembourserait la dette. Telle était la générosité de cet homme noble et béni !

---

[1] Rapporté par •al-Bukhārī dans *al-Ṣaḥīḥ*, 5:2244 §5686.

[2] Rapporté par •Muslim dans *al-Ṣaḥīḥ*, 4:1806 §2312.

[3] Ibid.

[4] Rapporté par •Aḥmad b. Ḥanbal dans *al-Musnad*, 2:33 §4880.

9

D'une Douceur Extraordinaire

Le Prophète Muhammad ﷺ a enseigné la douceur. Il a dit : "Ne vous indiquerai-je pas celui qui échappera au feu et que le feu n'atteindra pas ? C'est celui qui est près des gens, en raison de sa bonne moralité, qui est doux dans son tempérament et qui est considéré facile à aborder, de par sa conduite (pour une telle personne le feu est proscrit)."[1]

Dieu fait la louange du Messager ﷺ pour sa douceur en exprimant : ◊*C'est par quelque miséricorde de la part d'Allah que tu (Muhammad) as été si doux envers eux ! Mais si tu étais rude, au cœur dur, ils se seraient enfuis de ton entourage. Pardonne-leur donc, et implore pour eux le pardon (d'Allah). Et consulte-les à propos des affaires*◊ [Coran: 3:159.]

---

[1] Rapporté par •Aḥmad b. Ḥanbal dans *al-Musnad*, 1:415 §3938. •al-Tirmidhī dans *al-Sunan*, 4:654 §2488.

IO

CELUI QUI AVAIT UNE GRANDE SENSIBILITÉ

Le Prophète ﷺ était quelqu'un de conciliant. Il détestait la dureté et la vulgarité dans le comportement. Il enseigna à ses disciples à adopter la souplesse dans leur comportement et leur conduite, car Dieu préfère la douceur à la dureté. Il proclama que la douceur était le degré supérieur de la sagesse. Puis, il encouragea ses disciples à en faire preuve, à travers des actes de bonté pour se protéger du feu de l'Enfer.[1]

À partir de son propre exemple, le Prophète bien-aimé de Dieu ﷺ manifesta sa bonté à l'égard des autres. Une fois, alors qu'il priait avec ses Compagnons, il voulut allonger la prière mais ne le fit pas, car il entendit un enfant qui pleurait, réclamant sa mère. L'apôtre de Dieu ﷺ savait que la mère de l'enfant serait mal à l'aise, en entendant l'enfant pleurer. Donc, par douceur et bonté à leur égard, il raccourcit la prière et acheva de l'exécuter aussi vite que possible.[2]

---

[1] Rapporté par •Aḥmad b. Ḥanbal dans *al-Musnad*, 1:415 §3938. •al-Tirmidhī dans *al-Sunan*, 4:654 §2488.

[2] Rapporté par •al-Bukhārī dans *al-Ṣaḥīḥ*, 1:250 §677. •Muslim dans *al-Ṣaḥīḥ*, 1:343 §470.

11

Le Plus Digne Dans Son Discours

Le Prophète ﷺ était connu pour sa véracité et son intégrité. Lorsque nous examinons son comportement personnel, nous voyons qu'il était le plus digne dans son discours et qu'il ne parlait que pour rechercher l'agrément de Dieu.[1] Le Messager ﷺ était mesuré dans son discours.[2] Il ne parlait pas avec empressement mais s'exprimait à un rythme équilibré et modéré tel que si on le voulait, on pourrait compter ses mots.[3] Quiconque l'écoutait, pouvait le comprendre et il parlait même aux autres dans leurs propres dialectes.[4]

Le Prophète ﷺ demeurait silencieux la plupart du temps et il ne parlait pas excessivement.[5] Ses mots étaient concis mais pleins de sens,[6] il n'élevait jamais la voix quand il parlait. Mais il souriait et mettait les autres à l'aise.[7] Il ne coupait jamais

---

[1] Rapporté par •al-Tirmidhī dans *al-Shamāʾil al-Muḥammadiyya*, p. 291 §352. •al-Ṭabarānī dans *al-Muʿjam al-Kabīr*, 22:158 §414.

[2] Rapporté par •Abū Dāwūd dans *al-Sunan*, 4:260 §4838.

[3] Rapporté par •al-Bukhārī dans *al-Ṣaḥīḥ*, 3:1307 §3374. •Muslim dans *al-Ṣaḥīḥ*, 4:2298 §2493.

[4] Rapporté par •Abū Dāwūd dans *al-Sunan*, 4:261 §4839.

[5] Rapporté par •al-Tirmidhī dans *al-Shamāʾil al-Muḥammadiyya*, p. 184 §226. •al-Ṭabarānī dans *al-Muʿjam al-Kabīr*, 22:156 §414.

[6] Rapporté par •al-Tirmidhī dans *al-Shamāʾil al-Muḥammadiyya*, p. 185 §226. •al-Ṭabarānī dans *al-Muʿjam al-Kabīr*, 22:156 §414.

[7] Rapporté par •Abū al-Shaykh al-Aṣbahānī dans *Akhlāq al-Nabī ﷺ wa Ādābuhū*, 2:17 §207. •al-Tirmidhī dans *al-Shamāʾil al-Muḥammadiyya*, p. 291 §352.

la parole pendant qu'on parlait à moins qu'il veuille interdire
quelque chose de mal.[1] S'il entendait quelqu'un énoncer une
chose bizarre ou étrange, il lui disait de ne relater que ce qu'il
avait vu ou entendu.[2]

---

[1] Rapporté par •al-Tirmidhī dans *al-Shamā'il al-Muḥammadiyya*, p.
291 §352. •al-Ṭabarānī dans *al-Muʿjam al-Kabīr*, 22:158 §414.

[2] Rapporté par •al-Tirmidhī dans *al-Shamā'il al-Muḥammadiyya*, p.
291 §352. •al-Ṭabarānī dans *al-Muʿjam al-Kabīr*, 22:156 §414.

12

Le Parangon De La Miséricorde

Le Prophète Muhammad ﷺ a dit : "En effet, je suis une miséricorde accordée (aux mondes),"[1] La miséricorde est le trait caractéristique du bien-estimé Prophète ﷺ; il est la miséricorde incarnée. Dieu a envoyé Muhammad ﷺ pour nul autre but que celui d'apporter la miséricorde de Dieu à toutes les créatures.[2] Dieu déclare, ❨*Et Nous ne t'avons envoyé qu'en miséricorde pour l'univers.*❩ [Coran: 21:107.] Ainsi, la miséricorde du Prophète Muhammad ﷺ est une bénédiction universelle qui englobe tous les êtres humains, indépendamment de leurs religions, leurs races et leurs sexes.

---

[1] Rapporté par •al-Dārimī dans *al-Sunan*, 1:21 §15. •Ibn Abī Shayba dans *al-Muṣannaf*, 6:325 §31782.

[2] Rapporté par •Abū Dāwūd dans *al-Sunan*, 4:215 §4659.

13

L'ambassadeur De La Paix

La carrière politique du Prophète ﷺ est un témoignage de son combat pour établir la paix. En une courte période de dix ans, il unit des tribus arabes en guerre, sous une seule bannière. Cet exploit politique n'avait pas été réalisé en Arabie avant lui. Les tribus arabes qui vivaient alors dans un état d'anarchie furent unies sous l'autorité de la loi qui, par la suite, apporta la paix à l'Arabie puis, par la suite, à l'ensemble du Moyen-Orient. Le Prophète ﷺ y parvint en enseignant la valeur de la paix et de la sécurité, comme relaté dans son propos : "Le musulman est celui qui apporte la paix aux autres musulmans, à travers ses mots et ses actes,"[1] et "Le véritable croyant est celui auquel les gens font confiance pour ce qui est de leur vie et de leurs biens."[2]

---

[1] Rapporté par •al-Bukhārī dans *al-Ṣaḥīḥ,* 1:13 §10.

[2] Rapporté par •al-Tirmidhī dans *al-Sunan,* 5:17 §2627

14

CELUI QUI AIDE LES FAIBLES ET LES INDIGENTS

L'Arabie, au septième siècle, était une société tribale où les riches et les puissants humiliaient les faibles. Il n'y avait aucun recours pour les faibles et les indigents afin de redresser les torts que leur avaient causés les puissants. Cependant le Prophète Muhammad ﷺ invitait les Arabes à changer leur comportement, dans leur façon de traiter les membres les plus faibles de la société. Il dit : "Ne vous informerai-je pas au sujet des habitants du Paradis ? Chaque personne humble qui est considérée comme faible, si elle devait prêter serment par Dieu, Dieu l'accomplirait de sa part. Ne vous informerai-je pas des habitants de l'Enfer ? Ils incluent toute personne insensible, querelleuse et vaniteuse."[1]

Le noble Prophète ﷺ changea la perception des gens, à propos de la manière dont ils percevaient les pauvres et les nécessiteux dans la société. Il affirma : "Dieu n'apporte son aide à la communauté des musulmans qu'en vertu des plus faibles."[2] L'apôtre de Dieu ﷺ prenait le parti des pauvres et des indigents et il parlait de leur statut élevé, aux yeux de Dieu en affirmant, "Cherchez-moi parmi vos pauvres, car ce n'est qu'en vertu d'eux que l'on vous accorde les provisions

---

[1] Rapporté par •al-Bukhārī dans *al-Ṣaḥīḥ*, 5:2255 §5723. •Muslim dans *al-Ṣaḥīḥ*, 4:2190 §2853.

[2] Rapporté par •al-Bukhārī dans *al-Ṣaḥīḥ*, 6:1061 §2739. •al-Nasā'ī dans *al-Sunan*, 6:45 §3179; & dans *al-Sunan al-Kubrā*, 3:345 §6181.

et le soutien.”[1] Il encourageait ses disciples à les honorer et
à les traiter avec dignité, en énonçant : “Aimez les pauvres et
asseyez-vous à leurs côtés.”[2]

---

[1] Rapporté par •Abū Dāwūd dans *al-Sunan*, 3:32 §2594. •al-Tirmidhī
dans *al-Sunan*, 4:206 §1702.

[2] Rapporté par •al-Ḥākim dans *al-Mustadrak*, 4:368 §7947. •al-Mund-
hirī dans *al-Targhīb wa al-Tarhīb*, 4:67 §4827.

15

Celui Qui Prend Soin Des Malades

Chaque fois que le Messager de Dieu ﷺ rendait visite à un malade ou lorsqu'on lui amenait une personne souffrante, il invoquait : "Enlève l'affliction, Ô Seigneur de l'humanité. Guéris-le [la] Ô Guérisseur ! Nulle guérison si ce n'est la Tienne, une telle guérison qui n'est pas suivie d'une maladie."[1]

Il donnait de l'espoir à la personne malade en disant : "Si un croyant a pour habitude d'accomplir une action vertueuse, mais ne peut l'accomplir en raison de la maladie ou d'un voyage, elle lui sera consignée comme lorsqu'il s'y adonnait lorsqu'il était en bonne santé et non en voyage.'[2]

Il encourageait les musulmans à rendre visite et à prendre soin de quelqu'un qui est malade. Il indiquait : "Quiconque rend visite à son frère musulman souffrant sera en train de marcher dans le jardin du Paradis jusqu'à ce qu'il s'assoie. Puis, lorsqu'il s'assiéra, la miséricorde l'enveloppera. Si sa visite a lieu le matin, soixante-dix mille anges feront des invocations en sa faveur jusqu'au soir et si sa visite a lieu le soir, soixante-dix mille anges invoqueront en sa faveur, jusqu'au au matin."[3]

---

[1] Rapporté par •al-Bukhārī dans *al-Ṣaḥīḥ*, 5:2147 §5351. •Muslim dans *al-Ṣaḥīḥ*, 4:1722 §2191.

[2] Rapporté par •Abū Dāwūd dans *al-Sunan*, 3:183 §3091.

[3] Rapporté par •Abū Dāwūd dans *al-Sunan*, 3:185 §3098. •Ibn Mājah dans *al-Sunan*, 1:463 §1442.

16

L'Émancipateur Des Esclaves

Le Prophète Muhammad ﷺ bâtit les fondations de l'abolition de l'esclavage, dans le monde prémoderne. À travers sa sagesse prophétique, il institua une méthode graduelle et systématique pour mettre un terme à l'esclavage. Il attacha l'observance religieuse et la piété à la libération des esclaves. Puis, il avait proscrit les pratiques économiques injustes qui reliaient les gens à l'esclavage. Le Messager de Dieu ﷺ déclara : "Quiconque affranchit un esclave croyant, alors Dieu libérera, pour chaque partie qu'il a libérée, une part de lui-même du feu de l'Enfer."[1]

Le Prophète Muhammad ﷺ institua les droits des esclaves. Il affirma : "Vos esclaves sont vos frères que Dieu a placés sous votre autorité. Quiconque a un frère sous son autorité doit le nourrir de ce qu'il mange et le vêtir de ce qu'il vêt. N'alourdissez pas leur fardeau avec ce qui leur est trop difficile à porter. Quand vous leur demandez une tâche difficile, aidez-les."[2]

---

[1] Rapporté par •al-Bukhārī dans *al-Ṣaḥīḥ*, 2:891 §2381. •Muslim dans *al-Ṣaḥīḥ*, 2:1147 §1509.

[2] Rapporté par •al-Bukhārī dans *al-Ṣaḥīḥ*, 1:20 §30. •Muslim dans *al-Ṣaḥīḥ*, 3:1283 §1661.

LE PROTECTEUR DES RÉFUGIÉS

Les enseignements du Prophète Muhammad ﷺ garantissaient la protection des réfugiés. Abordant les questions de justice sociale, le Coran dit spécifiquement. : ﴿*Et si l'un des associateurs te demande asile, accorde-le lui, afin qu'il entende la parole d'Allah, puis fais-le parvenir à son lieu de sécurité. Car ce sont des gens qui ne savent pas..*﴾ [Coran: 9:6.]

Il parlait constamment et de façon cohérente à ses Compagnons à propos des bénéfices ainsi que de la nécessité d'aider ceux qui étaient dans le besoin. Il disait : "Quiconque laisse du répit à quelqu'un ou le soulage d'une difficulté, Dieu le recouvrira de Son ombre, au Jour de la Résurrection, quand il n'y aura aucune ombre si ce n'est la Sienne."[1]

---

[1] Rapporté par •Aḥmad b. Ḥanbal dans *al-Musnad*, 2:359 §8696. •al-Tirmidhī dans *al-Sunan*, 3:599 §1306.

18

LE DÉFENSEUR DES DROITS DES ANIMAUX

Un aspect de la miséricorde du Prophète Muhammad ﷺ a trait à sa miséricorde pour les animaux. Il enseigna à ses disciples que même les animaux avaient des droits et que nous devions faire preuve de pitié et de bonté à leur égard. Il déconseilla à ses Compagnons de faire du mal ou d'abuser des animaux. Lors d'une circonstance, le Messager ﷺ rencontra par hasard un chameau émacié, attaché à une colonne. Cette scène le bouleversa. Il exhorta ses Compagnons à craindre Dieu vis-à-vis de ces animaux, car ils seront tenus pour responsables le Jour du Jugement, de la façon dont ils les auront traités.

En une autre occasion, le Prophète de Dieu ﷺ passait à côté d'un homme qui trayait sa brebis. Il lui dit : "Quand tu la trais, laisses-en pour son agneau parce que c'est l'un des animaux les plus doux."[1]

Parlant des droits des animaux, il déclara également : "Montez ces animaux aussi longtemps qu'ils sont en bonne santé, et ne les prenez pas pour des sièges (quand vous ne les montez pas)"[2] Puis il ajouta : "Dieu vous ordonne de bien traiter ces bêtes de somme quand vous les mettez au travail et de les maintenir à leur place. Puis, lorsque la sécheresse les atteint, hâtez-vous avec elles jusqu'à ce qu'elles soient agiles et énergiques."[3]

---

[1] Rapporté par •al-Ṭabarānī *al-Muʿjam al-Awsaṭ*, 1:271 §885.

[2] Rapporté par •Aḥmad b. Ḥanbal dans *al-Musnad*, 3:440 §15677. •al-Dārimī dans *al-Sunan*, 2:371 §2668.

[3] Rapporté par •Ḥārith dans *al-Musnad*, 2:838 §885.

19

LE PREMIER À PARLER
CONTRE LE RACISME

Un jour, un Compagnon du Prophète ﷺ dit avec mépris à Bilāl : "Toi, fils de noire. "En entendant ceci, le Messager de Dieu ﷺ réprimanda rapidement son Compagnon pour son racisme, en lui disant : "Il y a encore en toi quelque influence de l'âge de l'ignorance."[1]

Le Prophète Muhammad ﷺ condamna, sans équivoque, le racisme quand il affirma : "Toute l'humanité descend d'Adam et d'Eve. Un Arabe n'est point supérieur à un non-Arabe et un non-Arabe n'est point supérieur à un Arabe. Une personne blanche n'a point de supériorité sur une personne noire ni une personne noire n'a-t-elle de supériorité sur une personne blanche, excepté par la piété et la bonne action."[2] Cette déclaration fut la première de ce genre, dans l'histoire humaine.

---

[1] Rapporté par •al-Bukhārī dans *al-Ṣaḥīḥ*, 1:20 §30.

[2] Rapporté par •Aḥmad b. Ḥanbal dans *al-Musnad*, 5:411 §23536. •Abū Nuʿaym dans *Ḥilya al-Awliyāʾ*, 3:100.

20

Celui Qui Honorait La Dignité Humaine

Une fois, un cortège funèbre passait et le Prophète ﷺ se leva, par respect. Les Compagnons ﷺ se levèrent avec lui. Puis, ils demandèrent : ' Ô Messager de Dieu ! C'étaient les funérailles d'un Juif [alors, pourquoi t'es-tu levé] ? Le Prophète ﷺ de Dieu répondit : "Quand vous voyez un cortège funèbre, vous devez vous lever."[1]

À partir de cette conduite exemplaire, nous voyons que le Saint Prophète ﷺ honorait l'humanité des gens, en se levant pour leurs funérailles, peu importe si la personne défunte soit musulmane ou non. Ce qui compte c'est la dignité de la personne parce que tous les gens, indépendamment de leurs croyances, sont sacrés. Ils sont ainsi dignes d'honneur et de respect, en raison de leur humanité. Dans une autre narration, on rapporte qu'il a soutenu : "N'est-il pas une âme créée par Dieu ?"[2]

---

[1] Rapporté par •al-Bukhārī dans *al-Ṣaḥīḥ*, 1:441 §1249. •Muslim dans *al-Ṣaḥīḥ*, 2:660 §960.

[2] Rapporté par •al-Bukhārī dans *al-Ṣaḥīḥ*, 1:441 §1250. •Muslim dans *al-Ṣaḥīḥ*, 2:661 §961.

CELUI QUI FACILITAIT LES CHOSES

Le Prophète Muhammad ﷺ déclara : "En effet, Dieu ne m'a pas envoyé pour être dur ou causer du tort. Il m'a dépêché pour enseigner et rendre les choses faciles !" Il est rapporté par les Compagnons que le Prophète ﷺ avait l'habitude d'alléger le fardeau des gens et de leur épargner des difficultés. Si on lui offrait deux options qui étaient bonnes, il choisissait toujours la plus facile des deux. Cette facilitation avait pour but de rendre la vie plus aisée aux gens et de leur éviter des tracas et des contraintes excessives.

22

Le Plus Gentil Envers Sa Famille

Le Prophète Muhammad ﷺ veillait scrupuleusement à maintenir les liens familiaux et à servir sa famille. Il remplissait toujours ses obligations à l'égard de sa famille et de ses proches, et mettait en garde contre la rupture des liens de parenté. Il déclara que cet acte comptait parmi les péchés capitaux. Il encourageait constamment ses disciples à prendre soin de leurs proches et à être bons envers leurs familles et les personnes qui étaient à leur charge. Le Prophète ﷺ donnait l'exemple en aidant sa famille dans les tâches ménagères et en lui manifestant beaucoup d'attention et d'amour. Il fixa la norme pour mesurer la véritable excellence, en disant : "Le meilleur d'entre vous est celui qui est le meilleur envers sa famille et je suis le meilleur d'entre vous, envers ma famille."[1]

---

[1] Rapporté par •al-Tirmidhī dans *al-Sunan*, 5:709 §3895. •Ibn Mājah dans *al-Sunan*, 1:636 §1977.

23

CELUI QUI PRENAIT SOIN DES VEUVES ET DES ORPHELINS

Le Prophète ﷺ avait l'habitude de s'occuper des veuves et des orphelins et il enseignait à ses disciples d'en faire autant. Il dit : "Celui qui s'efforce de prendre soin d'une veuve ou d'une personne pauvre est comme celui qui lutte dans le chemin de Dieu."[1] Dans une autre narration, il déclara : "Moi et celui qui prend soin d'un orphelin serons au paradis comme ceci." Il montra son index et son majeur en les séparant un petit peu.[2]

Il mit en exergue l'infortune des orphelins et enseigna à ses disciples leurs droits. Il affirma : "La meilleure demeure chez les musulmans est celle où réside un orphelin qui est bien traité ; et la pire maison chez les musulmans est celle où réside un orphelin qui est maltraité. "A une autre occasion, il raconta : "Une fois, un homme s'est plaint de la dureté de son cœur à Dieu ﷻ et celui-ci lui a conseillé : "Si tu souhaites que ton cœur s'attendrisse, nourris les pauvres et prends soin des orphelins."[3]

---

[1] Rapporté par •al-Bukhārī dans *al-Ṣaḥīḥ*, 5:2047 §5038. •Muslim dans *al-Ṣaḥīḥ*, 4:2286 §2982.

[2] Rapporté par •al-Bukhārī dans *al-Ṣaḥīḥ*, 5:2032 §4998. •Abū Dāwūd dans *al-Sunan*, 4:338 §5150.

[3] Rapporté par •Aḥmad b. Ḥanbal dans *al-Musnad*, 2:263 §7566. •ʿAbd b. Ḥumayd dans *al-Musnad*, 1:417 §1426.

24

Un Défenseur Des Droits Des Femmes Et De Leur Dignité

Le Prophète Muhammad ﷺ déclara : "Le plus parfait des croyants, en ce qui concerne la foi, est celui qui a la plus belle moralité, et les meilleurs d'entre vous sont ceux qui traitent le mieux leurs femmes."[1] En Arabie, les femmes étaient considérées comme des biens et elles étaient dépouillées de leurs droits. On pouvait en hériter et elles n'avaient aucun statut dans la société. Le Prophète ﷺ changea la façon dont les Arabes percevaient les femmes. Il défendit les droits des femmes et fit respecter leur dignité. Il affirma qu'elles étaient les partenaires des hommes et se prononça pour leur immunité, en temps de guerre. On conféra légalement aux femmes le droit d'initier le divorce, de recevoir l'héritage et de posséder leurs propres biens. Elles avaient droit à l'éducation et même de participer à la gestion des affaires de l'Etat. Le Prophète ﷺ honora les femmes en reconnaissant le rôle crucial qu'elles jouaient dans l'éducation de leurs enfants. Il le fit en déclarant que le droit de la mère était trois fois supérieur à celui du père.[2] Il promit le Paradis à tout homme qui prendrait soin de ses filles[3] à une époque où les Arabes considéraient que les filles étaient une

---

[1] Rapporté par •al-Bukhārī dans *al-Ṣaḥīḥ*, 3:1006 §2591, 2593. •Muslim dans *al-Ṣaḥīḥ*, 3:1250 §1628.

[2] Rapporté par •al-Bukhārī dans *al-Ṣaḥīḥ*, 5:2227 §5262. •Muslim dans *al-Ṣaḥīḥ*, 4:1974 §2548.

[3] Rapporté par •Aḥmad b. Ḥanbal dans *al-Musnad*, 3:97 §11943. •Abū Dāwūd dans *al-Sunan*, 4:338 §5147.

79

tâche pour l'honneur de leur famille, et à un moment où ils n'avaient aucun scrupule à les enterrer vivantes. De la sorte, il changea radicalement la perception de la société et consacra l'honneur des femmes comme faisant partie intégrante de la piété et de la religiosité.

25

AFFECTUEUX ENVERS LES ENFANTS

Étant la miséricorde incarnée, le noble émissaire de Dieu ﷺ manifestait beaucoup d'amour et d'affection à l'égard des enfants. Il ne grondait jamais aucun enfant ni ne lui montrait de mépris. Le jeune Anas b. Mālik ؓ racontant son expérience, confia : "J'ai servi le Prophète ﷺ pendant dix ans. Il ne m'a jamais dit 'fi !' [Une expression utilisée pour montrer sa désapprobation]. Si j'avais fait quelque chose que je n'aurais pas dû faire, il ne me disait pas 'pourquoi as-tu fait ceci ?' Et si j'avais laissé quelque chose que j'aurais dû accomplir, il ne me disait pas 'pourquoi ne l'as-tu pas fait'[1]... 'Le Prophète ﷺ ne m'avait jamais réprimandé pour avoir fait quelque chose de mal, même si les gens le faisaient. Il empêchait les autres de me faire des reproches en leur ordonnant : "Laissez-le."[2]

Lors d'une occasion, un groupe de Bédouins vint voir le Messager de Dieu ﷺ. Ils demandèrent : "Embrassez-vous vos enfants ?" Ils [les Compagnons] dirent "Oui". Les Bédouins répliquèrent : "Par Dieu ! Quant à nous, nous ne les embrassons jamais." En entendant ceci, le Messager de Dieu ﷺ s'écria : "Qu'y puis-je, si Dieu a enlevé la miséricorde de vos cœurs?"[3]

---

[1] Rapporté par •al-Bukhārī dans *al-Ṣaḥīḥ*, 5:2245 §5691. •Muslim dans *al-Ṣaḥīḥ*, 4:1804 §2309.

[2] Rapporté par •Aḥmad b. Ḥanbal dans *al-Musnad*, 3:231 §13442. •Ibn Abī ʿĀṣim dans *al-Sunna*, 1:157 §355.

[3] Rapporté par •al-Bukhārī dans *al-Ṣaḥīḥ*, 5:2235 §5652. •Muslim dans *al-Ṣaḥīḥ*, 4:1808 §2317.

81

Manifester de l'amour et de l'affection à l'égard des enfants est un acte de miséricorde. Les Compagnons affirmèrent qu'ils n'avaient jamais vu quelqu'un de plus compatissant vis-à-vis des enfants que le Prophète Muhammad ﷺ.[1]

---

[1] Rapporté par •Ibn ʿAsākir dans *Tārīkh Madīna Dimashq*, 4:88.

26

LE MEILLEUR VOISIN

Le Prophète Muhammad ﷺ n'inculquait pas seulement à ses disciples d'être bons envers leurs amis et leurs familles . Il leur enseignait également les droits des voisins. En une certaine circonstance, il déclara : "Par Dieu, n'est pas croyant ; par Dieu, n'est pas croyant ; par Dieu, n'est pas croyant, celui dont les voisins ne se sentent pas à l'abri de son mal."[1]

Le Messager de Dieu ﷺ ne faisait aucune discrimination entre n'importe lequel de ses voisins, même s'ils n'étaient pas musulmans et ne croyaient pas en lui. Il prenait soin de ses voisins et ordonnait aux musulmans de prendre soin des leurs, en disant : "Il n'est pas croyant celui qui passe la nuit, rassasié, sachant que son voisin s'endort affamé."[2]

---

[1] Rapporté par •al-Bukhārī dans *al-Ṣaḥīḥ*, 5:2240 §5670. •Muslim dans *al-Ṣaḥīḥ*, 1:68 §46.

[2] Rapporté par •al-Bukhārī dans *al-Adab al-Mufrad*, p. 52 §112. •al-Ṭabarānī dans *al-Muʿjam al-Kabīr*, 12:154 §12741.

27

Celui Qui Était Sensible Aux Efforts Des Gens

Le Prophète Muhammad ﷺ était sensible aux efforts et au dévouement des gens. Un jour, il passait près d'un quartier de Médine quand il rencontra un groupe d'enfants qui jouaient du tambourin. Ils chantaient ces mots : "Nous sommes les jeunes filles de Banū al-Najjār. Quel excellent voisin que Muhammad ! Le Prophète ﷺ appréciant leurs efforts, répondit : "Certainement, Dieu sait que je vous aime aussi !"[1]

---

[1] Rapporté par •Ibn Mājah dans *al-Sunan*, 1:612 §1899. •Abū Yaʿlā dans *al-Musnad*, 6:134 §3409.

28

Celui Qui Était Le Plus Respectueux Envers Des Autres

Dieu mandata le Prophète Muhammad ﷺ pour donner le commandement suivant aux musulmans : "Ô croyants ! Ne permettez à aucune communauté de ridiculiser une autre communauté. Il est probable qu'elles soient meilleures que celles qui ridiculisent. Les femmes ne devraient pas, non plus, se moquer d'autres femmes. Il est probable qu'elles soient meilleures que celles qui se moquent. Ne vous offensez pas ou ne cherchez pas des défauts aux uns et aux autres, ni n'appelez les autres par des sobriquets. Appeler quelqu'un de méchant ou d'indécent, après qu'il ait embrassé la foi, constitue un nom extrêmement mauvais. Et ceux qui ne retournent pas à Dieu, en se repentant, ce sont eux les malfaisants."[1]

---

[1] Coran 49:11.

29

LE VÉRITABLE HUMANITAIRE
ET PHILANTHROPE

Le Prophète Muhammad ﷺ se préoccupait vraiment des autres, en améliorant la vie des faibles et des indigents. Pour atteindre ce noble objectif, il enseignait à ses disciples le véritable sens de la charité. Il disait : "Il est du devoir de chaque musulman de donner l'aumône. "Les Compagnons lui demandèrent : "Ô Prophète de Dieu, qu'en est-il de celui qui ne trouve pas de quoi [dépenser en charité] ? "Il répondit : "Qu'il travaille de ses propres mains en profitant personnellement et qu'il en dépense en charité. "Les Compagnons questionnèrent : "Et qu'en est-il s'il ne peut pas [travailler] ? "Il répondit : "Alors, qu'il aide quelqu'un lésé et dans le besoin. Les Compagnons interrogèrent : "Et qu'en est-il s'il ne trouve pas [de personne nécessiteuse] ? Il répondit : "Alors, qu'il fasse le bien et qu'il s'abstienne du mal, car cela sera sa charité."[1] On rapporte aussi qu'il a dit : "Sourire à ton frère est un acte de charité."[2]

---

[1] Rapporté par •al-Bukhārī dans *al-Ṣaḥīḥ*, 2:524 §1376. •Muslim dans *al-Ṣaḥīḥ*, 2:699 §1008.

[2] Rapporté par •al-Tirmidhī dans *al-Sunan*, 4:339 §1956. •Ibn Ḥibbān dans *al-Ṣaḥīḥ*, 2:286 §529.

30

L'ambassadeur De L'harmonie Interreligieuse

Dieu donna le commandement suivant au Prophète Muhammad ﷺ : ❨*Dis : Ô Gens du Livre, venez à une parole commune entre nous et vous : que nous n'adorions qu'Allah, sans rien Lui associer, et que nous ne prenions point les uns les autres pour seigneurs en dehors d'Allah*". *Puis, s'ils tournent le dos, dites : "Soyez témoins que nous, nous sommes soumis"*❩ [Coran: 64:3.]

Durant sa vie, le Prophète Muhammad ﷺ autorisa une délégation chrétienne de Najran à prier dans sa mosquée, quand elle visitait Médine. Cette délégation vint débattre avec lui et défier son message. Mais en dépit de ceci, il leur permit de prier dans sa mosquée, montrant ainsi l'importance de favoriser le dialogue et la coopération entre les adeptes de différentes religions.[1]

---

[1] Rapporté par •al-Bayhaqī dans *Dalāʾil al-Nubuwwa*, 5:382. •Ibn Saʿd dans *al-Ṭabaqāt al-Kubrā*, 1:357. •Ibn Hishām dans *al-Sīra al-Nabawiyya*, 2:239–240.

Celui Qui Luttait Pour La Cohésion Sociale

Le Prophète Muhammad ﷺ luttait pour la cohésion sociale. ʿAbd Allāh b. Salām qui était un rabbin juif raconta l'anecdote de la première fois où il vit le Prophète ﷺ. Retraçant ce moment, il confia : "Quand le Messager de Dieu vint à Médine, les gens se précipitèrent vers lui et on s'écria : "Le Messager de Dieu est arrivé !" Je vins avec les gens pour le rencontrer et quand je je le vis, je me rendis compte que son visage n'était pas celui d'un menteur. La première chose qu'il dit fut : "Ô, gens, répandez la paix, nourrissez les affamés et priez la nuit quand les gens dorment, vous rentrerez au Paradis en paix."[1]

---

[1] Rapporté par •al-Tirmidhī dans *al-Sunan*, 4:652 §2485. •Ibn Mājah dans *al-Sunan*, 1:423 §1334.

32

Celui Qui Honorait Les Gens D'appartenance Ethnique Différente

Chaque être humain a un caractère sacré, inviolable, car il a été créé unique par Dieu et doté de la vie. En enseignant ce principe divin, le Prophète ﷺ fit respecter l'honneur de tous les gens, indépendamment de leur race ou de leur appartenance ethnique. Durant la vie vénérable du Prophète ﷺ, une femme noire avait l'habitude de nettoyer la mosquée. Le Messager ﷺ de Dieu ne l'avait pas vue pendant quelques jours. Alors, il s'enquit à son sujet. Les Compagnons lui dirent qu'elle était morte. Le Prophète ﷺ visiblement bouleversé par cette nouvelle, questionna : "Pourquoi ne m'en avez-vous pas informé ?" C'était comme s'ils avaient considéré qu'elle avait peu d'importance. Le Prophète ﷺ demanda qu'on lui montre sa tombe de façon à pouvoir prier pour elle. Quand il y parvint, il pria pour elle et dit à ses Compagnons : "En effet, ces tombes sont remplies d'obscurité pour leurs habitants mais Dieu les remplit de lumière en raison de mes prières sur eux."[1] A travers sa conduite excellente, le Prophète Muhammad ﷺ démontra l'importance et la valeur de chaque être humain et il ne pratiqua aucune discrimination contre qui que ce soit, en raison de sa race, de sa couleur ou de son appartenance ethnique.

---

[1] Rapporté par •al-Bukhārī dans *al-Ṣaḥīḥ*, 1:175–176, 448 §§446, 2172. •Muslim dans *al-Ṣaḥīḥ*, 2:659 §956.

33

Celui Qui Chassait L'inimitié Et La Haine

Le Prophète ﷺ prônait l'intégration sociale et le maintien des liens entre les gens. Quand il émigra à Médine, il créa une cité-état qui unit des gens de différentes tribus et religions. L'un des premiers pactes qu'il fit fut le pacte de fraternité entre les tribus Aws et les Khazraj, qui étaient empêtrées dans une guerre acharnée depuis plusieurs générations. À travers le message de l'Islam, le bien-aimé Prophète de Dieu ﷺ lia les gens de ces deux tribus et mit un terme à leur célèbre querelle.

Il y eut un autre pacte de fraternité entre les Auxiliaires de Médine et les Émigrants de la Mecque. Il prit un individu parmi les Auxiliaires de Médine, et en fit le frère d'un autre parmi les Emigrés de la Mecque. Il enseigna aux Auxiliaires à partager leurs ressources avec les Émigrés, supprimant entre eux les disparités de richesse.[1] Il établit aussi un pacte entre les musulmans et les Juifs et les unifia en une seule nation. Tous ces efforts furent ceux que le Prophète ﷺ déploya pour rapprocher les gens et enlever la haine entre eux.

Un jour, le Prophète ﷺ bien-aimé de Dieu affirma : "La gloire des croyants réside dans la fraternité. Les uns ne soumettent pas les autres à la torture, à la coercition, à l'oppression, au terrorisme et au vandalisme. Ils n'usurpent pas la richesse des autres ni ne sont-ils assoiffés du sang des autres. Ils se protègent

---

[1] Rapporté par •Ibn Saʿd dans *al-Ṭabaqāt al-Kubrā*, 1:238. •al-Ṣāliḥī dans *Subul al-Hudā wa al-Rishād*, 3:527. •Ibn Hishām dans *al-Sīra al-Nabawiyya*, 2:529–533.

les uns les autres, s'aiment et dissimulent mutuellement leurs
fautes."[1]

---

[1] Rapporté par •al-Bukhārī dans *al-Ṣaḥīḥ*, 2:862 §2310. •Muslim dans
al-Ṣaḥīḥ, 4:1996 §2580.

34

L'OPPOSANT À L'ANTISÉMITISME

Il y avait un garçon juif qui servait le Messager de Dieu ﷺ. Ce dernier le traitait avec affection, comme il le faisait avec les autres enfants. Un jour, le garçon tomba malade. Le Prophète ﷺ lui rendit alors visite. Il s'assit à son chevet et lui dit : 'Embrasse l'Islam.' Le garçon regarda alors son père qui était avec lui. Celui-ci lui conseilla : 'Obéis à Abū al-Qāsim [le Prophète].' Le garçon embrassa l'Islam (puis, il mourut). L'apôtre de Dieu ﷺ partit en s'exclamant : 'Toute la Louange revient à Dieu qui l'a sauvé du feu de l'Enfer.'[1]

A une autre occasion, une juive apporta de la viande de brebis empoisonnée, au Messager de Dieu ﷺ et il en mangea un petit peu. Après que son complot eut été découvert, elle fut amenée devant l'Envoyé de Dieu ﷺ qui lui demanda pourquoi elle avait agi de la sorte. Elle répondit : "Je voulais t'assassiner." Le Messager de Dieu ﷺ répliqua : "Dieu ne te donnera pas le pouvoir de le faire." Les Compagnons suggérèrent : "Devons-nous la tuer ?" Il répondit : "Non." Ainsi, il pardonna à la juive pour le mal qu'elle lui avait causé.[2]

---

[1] Rapporté par •al-Bukhārī dans *al-Ṣaḥīḥ*, 1:455 §1290. •Abū Dāwūd dans *al-Sunan*, 3:185 §3095.

[2] Rapporté par •al-Bukhārī dans *al-Ṣaḥīḥ*, 2:923 §2474. •Muslim dans *al-Ṣaḥīḥ*, 4:1721 §2190.

35

Celui Qui Reconnaissait Les Vertus

Quand l'hostilité des païens mecquois contre les musulmans devint d'une brutalité insupportable, le Prophète ﷺ ordonna à un groupe d'entre eux d'émigrer en Abyssinie, même s'il s'agissait d'un pays chrétien et que son dirigeant, le Négus, était chrétien. Comme il avait appris que le Négus était un souverain juste et bon, le Prophète ﷺ choisit ce pays chrétien pour la première et la seconde migration. Il fut déclaré comme étant une "Demeure de Paix" pour les musulmans.[1]

Muṭʿim b. ʿAdī était idolâtre. Le concernant, le Prophète Muhammad ﷺ a dit : "Si Muṭʿim b. ʿAdī était vivant et qu'il intercédait auprès de moi pour ces gens pêcheurs, je leur pardonnerais certainement pour lui."[2] A propos de Mukhayriq, un rabbin juif, il affirma : "Mukhayriq est le meilleur des juifs."[3]

---

[1] Rapporté par •Ibn Hishām dans *al-Sīra al-Nabawiyya*, 2:176–177. •al-Ṭabarī dans *Tārīkh al-Umam wa al-Mulūk*, 1:547.

[2] Rapporté par •al-Bukhārī dans *al-Ṣaḥīḥ*, 3:1143 §2970. •ʿAbd al-Razzāq dans *al-Muṣannaf*, 5:209 §9400.

[3] Rapporté par •Ibn Hishām dans *al-Sīra al-Nabawiyya*, 3:51. •Ibn ʿAsākir dans *Tārīkh Madīna Dimashq*, 10:229. •Ibn Saʿd dans *al-Ṭabaqāt al-Kubrā*, 1:501.

36

LE PARTISAN DE L'AMOUR

Le Prophète Muhammad ﷺ a enseigné que la semence de la foi est l'amour. Il s'agit de l'amour de Dieu et de Son Prophète ﷺ, de l'amour pour les gens de Dieu et de l'amour pour toutes les bonnes actions qui sont aimées de Lui. Il a dit qu'une personne ne peut être un vrai croyant tant qu'elle ne l'aime pas plus que tout dans la création.[1] La véritable foi est enracinée dans l'amour et sans lui, elle ne peut devenir un arbre fructueux qui bénéficie à tout le monde autour de lui.

Le Prophète ﷺ lui-même est caractérisé par son amour pour Dieu et pour les croyants. Concernant son amour pour les croyants, Dieu dit dans le Coran : ❨*Certes, un Messager pris parmi vous, est venu à vous, auquel pèsent lourd les difficultés que vous subissez, qui est plein de sollicitude pour vous, qui est compatissant et miséricordieux envers les croyants.*❩ [Coran: 9:128.]

---

[1] Rapporté par •al-Bukhārī dans *al-Ṣaḥīḥ*, 1:14 §15. •Muslim dans *al-Ṣaḥīḥ*, 1:67 §44.

37

Celui Qui Était Respectueux Envers Les Autres Confessions

Étant une miséricorde pour toute l'humanité, le Prophète Muhammad ﷺ traitait les gens avec justice et bonté. Peu importait la religion à laquelle on appartenait, le Prophète ﷺ respectait ses serments et tenait ses promesses. Il ne faisait aucune discrimination entre les gens. Une fois, le Prophète ﷺ passa à côté d'une réunion à laquelle assistaient des musulmans, des polythéistes et des juifs. Il les salua tous, de la même manière, en leur adressant la salutation de la paix.[1]

---

[1] Rapporté par •ʿAbd al-Razzāq dans *al-Muṣannaf*, 6:12 §9844 & 10:392 §19463. •Abū ʿUwāna dans *al-Musnad*, 4:345 §6915. •al-Bayh-aqī dans *al-Sunan al-Kubrā*, 4:18 §6619.

38

LE PROTECTEUR DES NON-MUSULMANS

Le Prophète ﷺ a déclaré : "Celui qui tue injustement un non-musulman protégé par un traité, Dieu lui interdira le Paradis."[1] Le bien-aimé Messager de Dieu ﷺ ne se contentait pas de protéger les non-musulmans et de déclarer leurs vies inviolables. Il les préservait activement, en avertissant ses disciples de ne pas faire de mal aux non-musulmans, vivant parmi eux. Dans des termes, sans équivoque, il disait : "Quiconque tue un non-musulman couvert par un traité ne percevra pas le parfum du paradis, même si sa fragrance peut être sentie à une distance de quarante ans de marche."[2] Ceci constitue un sévère avertissement aux musulmans afin qu'ils protègent la vie des non-musulmans et ne portent pas atteinte à leur sacralité, car toute vie est sacrée.

---

[1] Rapporté par •al-Nasāʾī dans *al-Sunan*, 8:24 §4747. •Aḥmad b. Ḥanbal dans *al-Sunan*, 5:36, 38 §20393, 20419. •Abū Dāwūd dans *al-Sunan*, 3:83 §2760.

[2] Rapporté par •al-Bukhārī dans *al-Ṣaḥīḥ*, 3:1155 §2995. •Ibn Mājah dans *al-Sunan*, 2:896 §2686.

39

CELUI QUI RÉVÉRAIT LES PROPHÈTES ANCIENS

Le Prophète Muhammad ﷺ était le descendant du Prophète Abraham ﷺ. On dit qu'il lui ressemblait physiquement. A travers le Coran, il enseignait à ses disciples le respect de tous les Prophètes anciens, comme Adam, Noé, Abraham, Moïse et Jésus ﷺ. Il fit de la croyance en leur prophétie un fondement essentiel de la foi, sans lequel une personne ne peut être déclarée musulmane. Il apprit à ses disciples à ne pas faire de différence entre lui et les autres Prophètes ﷺ car ils furent tous envoyés par Dieu.[1]

---

[1] Rapporté par •al-Bukhārī dans *al-Ṣaḥīḥ*, 6:2534 §6518. •Muslim dans *al-Ṣaḥīḥ*, 4:1845 §2374.

40

Celui Qui Savait Pardonner

Le Prophète Muhammad ﷺ déclara : "On m'a ordonné le pardon, alors ne vous querellez pas." Il fit face à beaucoup de grandes épreuves et de difficultés durant ses vingt-trois années de mission prophétique, mais il pardonna à ses agresseurs. Un tel exemple eut lieu à l'occasion de son prêche à Ṭā'if. Les chefs de la ville poussèrent les enfants et les esclaves à lancer des cailloux sur le Prophète ﷺ au point d'ensanglanter son corps béni. Il y eut une telle effusion de sang que les plantes bénies de ses pieds collèrent à ses sandales. Voyant ceci, les Anges avoisinants, en charge des montagnes, demandèrent au Messager ﷺ de punir les gens de Ṭā'if, en les écrasant entre les montagnes. Mais le Prophète ﷺ ne permit pas aux anges d'agir ainsi. À la place, il pardonna aux gens et pria pour que leurs enfants soient dotés de la bénédiction de la foi.[1] Alors, durant la vie de l'apôtre de Dieu, les gens de Ta'if acceptèrent volontairement l'Islam et le Prophète ﷺ fit du pardon et de la miséricorde son noble exemple et son précédent.

---

[1] Rapporté par •al-Bukhārī dans *al-Ṣaḥīḥ*, 3:1180 §3059. •Muslim dans *al-Ṣaḥīḥ*, 3:1420 §1795.

41

CELUI QUI REJETAIT LA VENGEANCE

Le Prophète Muhammad ﷺ passa treize ans à prêcher à la Mecque. Durant cette période, les Mecquois avaient orchestré toutes sortes de mauvais traitements contre lui sa famille et ses Compagnons. Après treize ans de prédication pacifique, il fut forcé de quitter sa terre natale pour émigrer vers la petite oasis de Yathrib, située à plus de 402 km. Même après son départ, les Mecquois le poursuivirent et envoyèrent des armées pour envahir sa terre d'accueil et décimer la religion de l'Islam. Cependant, dix ans après, le Prophète ﷺ retourna à la Mecque, avec une armée de dix mille soldats, pour la reconquérir. En ce jour de conquête, l'un des Compagnons appela les gens de la Mecque et s'écria : "Aujourd'hui est le jour de la revanche ! "Quand le Prophète Muhammad ﷺ fut informé de cette déclaration, il la rejeta et dit : "Aujourd'hui c'est le jour du pardon"[1]

---

[1] Rapporté par •Ibn ʿAsākir dans *Tārīkh Madīna Dimashq*, 23:454. •Ibn ʿAbd al-Barr dans *al-Istīʿāb*, 2:597. •al-Ḥalabī dans *al-Sīra al-Ḥalabiyya*, 3:22.

4 2

Le Plus Doux Dans Ses Interactions

L'une des qualités les plus frappantes du Prophète Muhammad ﷺ est sa douceur dans la façon dont il traite les autres. Dieu fait son éloge dans le Coran, en soulignant sa douceur et en déclarant celle-ci comme étant Sa faveur : ❨*C'est par quelque miséricorde de la part d'Allah que tu (Muhammad) as été si doux envers eux ! Mais si tu étais rude, au cœur dur, ils se seraient enfuis de ton entourage. Pardonne-leur donc, et implore pour eux le pardon (d'Allah). Et consulte-les à propos des affaires*❩ [Coran: 3:159.]

La douceur du Prophète ﷺ était telle qu'un jour un Bédouin (un Arabe du désert) urina dans la mosquée. Les Compagnons du Prophète ﷺ furent révoltés par cet acte irrespectueux et sur le point de le malmener. Mais le Prophète Muhammad ﷺ les arrêta et calma la situation. Il leur ordonna de nettoyer l'endroit, en jetant un seau d'eau sur l'urine. Puis, il conseilla ses Compagnon en leur enseignant le principe de la douceur. Il dit : "Vous avez été envoyés pour faciliter et rendre les choses aisées et non pour causer des difficultés et des épreuves."[1]

---

[1] Rapporté par •al-Bukhārī dans *al-Ṣaḥīḥ*, 1:89 §217. •Aḥmad b. Ḥanbal dans *al-Musnad*, 2:282 §7786.

43

LE PLUS INDULGENT
ET LE PLUS PATIENT

Une fois, un Compagnon relata un incident mettant en valeur la nature indulgente et patiente du Prophète ﷺ. Il confia : "Je marchais avec le Prophète ﷺ qui portait une cape avec une bordure épaisse. Nous rencontrâmes un bédouin sur le chemin. Celui-ci tira la cape si violemment que je remarquais le côté de l'épaule du Prophète ﷺ marquée par le frottement de la bordure de la cape, en raison de la violente pression qui fut exercée. Le Bédouin dit : "Donne-moi un peu des richesses de Dieu que tu possèdes."[1]

Le Messager ﷺ de Dieu se retourna, le regarda en souriant et ordonna qu'un peu d'argent lui soit remis. Tel était le grand niveau de tolérance du Prophète Muhammad ﷺ Sans parler de la patience vis-à-vis du mal que le bédouin lui avait causé. Le Prophète bien-aimé de Dieu ﷺ lui montra aussi sa bonté, en lui donnant l'argent qu'il avait demandé. Ceci est certainement un niveau extraordinaire de compassion qu'il n'est pas commun de voir.

---

[1] Rapporté par •al-Bukhārī dans *al-Ṣaḥīḥ*, 3:1148 §2980. •Muslim dans *al-Ṣaḥīḥ*, 2:730 §1057. •Aḥmad b. Ḥanbal dans *al-Musnad*, 3:153 §12570.

44

CELUI QUI MAÎTRISAIT SA COLÈRE

Le bien-aimé Prophète Muhammad ﷺ était le plus patient et le plus indulgent des gens.[1] Il maîtrisait toujours sa colère et ne la laissait jamais avoir une emprise sur lui. Il ne s'emportait jamais pour des questions matérielles. Mais il manifestait son courroux uniquement pour des causes justes ou pour défendre des victimes.[2] Il apprenait à ses disciples à contrôler leurs nerfs et à ne pas s'emporter que si ce n'est pour l'amour de Dieu, à savoir la lutte contre l'oppression et l'injustice.

Si quelque chose contrariait le Prophète ﷺ il s'en éloignait et l'évitait.[3] Il ne se fâchait jamais pour des raisons personnelles et il n'était pas vindicatif. Il ne cherchait pas la vengeance. Un jour, un bédouin sollicita le Prophète ﷺ pour qu'il l'aide. Après avoir satisfait son besoin, le Messager ﷺ de Dieu le questionna : "Ai-je été bon avec toi ?" Le bédouin, par ingratitude, répondit : "Non". Ceci suscita la colère des musulmans qui se mirent debout pour se charger de lui. Mais le Prophète ﷺ leur répondit gentiment de le laisser seul et de ne rien lui dire.[4]

---

[1] Rapporté par •Abū al-Shaykh al-Aṣbahānī dans *Akhlāq al-Nabī* ﷺ *wa Ādābuhū*, 1:468 §175.

[2] Rapporté par •al-Tirmidhī dans *al-Shamāʾil al-Muḥammadiyya*, p. 185 §226. •al-Ṭabarānī dans *al-Muʿjam al-Kabīr*, 22:156 §414.

[3] Ibid.

[4] Rapporté par •Abū al-Shaykh al-Aṣbahānī dans *Akhlāq al-Nabī* ﷺ *wa Ādābuhū*, 1:472 §177. •al-Ghazālī dans *Iḥyāʾ ʿUlūm al-Dīn*, 2:379.

45

Celui Qui Ne Maudissait Pas

Le caractère prophétique est défini par son bon tempérament et sa nature agréable. Jamais il n'employait des mots grossiers ou ne parlait durement.[1] Il évitait toute forme de langage indécente et impie. Il n'était pas dans son habitude de maudire les autres. Une fois, les Compagnons voulurent que le Prophète ﷺ invoque la malédiction de Dieu sur les païens, mais celui-ci répondit avec douceur "Je n'ai pas été envoyé comme quelqu'un qui maudit mais plutôt comme une miséricorde."[2] Imitant le caractère prophétique, beaucoup de grands sages et de maîtres spirituels dans l'histoire islamique se gardèrent de maudire les gens qui étaient tombés dans des rets du péché et de l'addiction. À la place, ils priaient pour leur réhabilitation et essayaient de réformer leur comportement, à travers des conseils sincères et des actes de bonté et de douceur.

•al-Haythamī dans *Majmaʿ al-Zawāʾid*, 9:16. •Ibn Kathīr dans *Tafsīr al-Qurʾān al-ʿAẓīm*, 2:405.

[1] Rapporté par •al-Bukhārī dans *al-Ṣaḥīḥ*, 3:1305 §3366. •Muslim dans *al-Ṣaḥīḥ*, 4:1810 §2321.

[2] Rapporté par •Muslim dans *al-Ṣaḥīḥ*, 4:2006 §2599. •al-Bukhārī dans *al-Adab al-Mufrad*, p. 119 §321. •Abū Yaʿlā dans *al-Musnad*, 11:35 §6174.

46

LE PLUS COMPATISSANT ENVERS LES PÉCHEURS

La miséricorde du Prophète ﷺ englobe tout le monde, même ceux qui sont des pécheurs. Celle-ci deviendra plus perceptible, le Jour du jugement, quand Dieu jugera toute l'humanité pour ses actions et donnera aux gens la juste récompense de leurs actes. Ce jour-là, la justice de Dieu sera dominante et il n'y aura aucune possibilité d'échapper à Son courroux et à Son châtiment. Toute l'humanité sera en difficulté ce jour-là et regardera vers le Prophète Muhammad ﷺ pour qu'il soit son intercesseur et la sauve du châtiment. Beaucoup seront sauvés du feu de l'Enfer, à travers l'intercession du Prophète Muhammad ﷺ et beaucoup en sortiront grâce à elle. Le Prophète Muhammad ﷺ intercédera pour tous les pécheurs, jusqu'à ce que le dernier d'entre eux soit libéré du feu de l'Enfer.[1]

Concernant cette intercession, le bien-estimé Prophète ﷺ a dit : "Mon intercession est pour tous les pécheurs de ma nation."[2] Donnant des détails à son propos, il a déclaré : "J'avais le choix entre l'intercession et que la moitié de ma nation entre au Paradis. J'ai choisi l'intercession parce qu'elle embrasse davantage de gens. Pensez-vous que l'intercession soit pour les pieux et les vertueux ? Non, en fait, elle est pour

---

[1] Rapporté par •al-Bukhārī dans *al-Ṣaḥīḥ*, 6:2695–2696 §6975. •Muslim dans *al-Ṣaḥīḥ*, 1:180 §193.

[2] Rapporté par •Aḥmad b. Ḥanbal dans *al-Musnad*, 3:213 §13245. •al-Tirmidhī dans *al-Sunan*, 4:625 §2436.

les pécheurs et les malfaisants."[1]

Cette explication éclairante montre la compassion du Prophète Muhammad ﷺ en vertu de laquelle il est "le bien-aimé de Dieu et une miséricorde pour toute l'humanité". Grâce à elle, il rachètera les pécheurs de la colère et du châtiment divin. À travers son intercession, il a étendu sa miséricorde à tous ceux qui étaient terriblement dans le besoin, sans que cela ne nécessite un sacrifice du sang. Cette réalité démontre la pureté de la doctrine de la rédemption de l'Islam et la miséricorde globale du Prophète Muhammad ﷺ.

---

[1] Rapporté par •Aḥmad b. Ḥanbal dans *al-Musnad*, 2:75 §5452. •Ibn Abī ʿĀṣim dans *al-Sunna*, 2:368 §791.

47

Celui Qui Offrait La Plus Belle Des Compagnies

Ses Compagnons avaient l'habitude de se rappeler ce qu'était le fait d'être en sa compagnie. L'un d'entre eux dit : "Son assemblée était une assise de science."[1] Un autre déclara : "Il avait l'habitude de donner à chaque participant la reconnaissance qui lui était due et personne ne sentait que quelqu'un était plus honoré que lui."[2] Un troisième confia : "Il prenait soin, patiemment, de chaque personne qui s'asseyait avec lui pour discuter de son besoin et il ne prenait jamais congé jusqu'à ce que la personne dans la nécessité se lève en premier."[3]

Le Prophète ﷺ était hautement méticuleux et respectable. Il ne se mouchait jamais ni ne crachait devant les autres dans ses assemblées. On n'élevait pas la voix;[4] on traitait les personnes âgées avec honneur et dignité et les enfants avec amour et bonté.[5] Le Prophète ﷺ ne permettait pas que quelqu'un soit négligé ou tenu à l'écart de son cercle et il n'approuvait pas

---

[1] Rapporté par •al-Tirmidhī dans *al-Shamāʾil al-Muḥammadiyya*, p. 278 §337.

[2] Ibid.

[3] Rapporté par •al-Tirmidhī dans *al-Shamāʾil al-Muḥammadiyya*, p. 278 §337. •al-Ṭabarānī dans *al-Muʿjam al-Kabīr*, 22:158 §414.

[4] Rapporté par •al-Tirmidhī dans *al-Shamāʾil al-Muḥammadiyya*, p. 278 §337. •al-Ṭabarānī dans *al-Muʿjam al-Kabīr*, 22:158 §414.

[5] Ibid.

que l'honneur et la dignité de quiconque soient violés. Ses belles réunions étaient caractérisées par l'honneur et le respect.

48

Celui Qui Avait Le Plus De Tendresse Pour Ses Compagnons

Les païens de la Mecque remarquèrent l'amour et la dévotion dont les Compagnons faisaient preuve envers le Prophète Muhammad ﷺ. Même après quatorze siècles passés, les musulmans, aujourd'hui, témoignent d'un amour et d'une dévotion immense pour leur Prophète ﷺ à la différence de n'importe quelle autre communauté. Cet amour et cette dévotion sont le reflet du propre amour et de la compassion du Messager ﷺ pour ses disciples. Aujourd'hui encore, le Prophète ﷺ continue de montrer son amour pour ses disciples. C'est pourquoi, il est toujours vivant dans leurs cœurs. Il n'est pas étonnant qu'aucun musulman ne supporte d'entendre des insultes – aussi infimes soient-elles – sur sa noble personne. En effet, leur amour pour lui est profondément enraciné dans leurs cœurs et il est beaucoup plus grand que celui qu'ils ont pour leurs propres pères et mères.

L'amour et la dévotion des musulmans pour leur Prophète bien-aimé ﷺ n'est rien d'autre qu'un reflet du propre amour et de la compassion de l'apôtre de Dieu ﷺ envers eux. À titre d'exemple, en une occasion, alors qu'il psalmodiait le Coran, il récita les mots de Jésus : ﴾*Si Tu les châties, ils sont Tes serviteurs. Et si Tu leur pardonnes, c'est Toi le Puissant, le Sage*﴿ [Coran: 5:118.] Puis, le Prophète ﷺ leva ses mains bénies et pleura pour ses disciples en disant, "Ô Dieu ! Ma nation ! Ma nation !" Dieu envoya l'Archange Gabriel pour s'enquérir auprès du Prophète ﷺ de ce qui lui arrivait. Ce dernier demanda la rédemption pour ses disciples Alors,

Dieu ordonna à Gabriel : "Va voir Muhammad et dis-lui :
' Vraiment, Nous te satisferons par rapport à ta nation et Nous
ne te décevrons pas.'"[1]

---

[1] Rapporté par •Muslim dans *al-Ṣaḥīḥ*, 1:191 §202. •al-Nasāʾī dans
al-Sunan al-Kubrā, 6:373 §11269. •Abū ʿAwāna dans *al-Musnad*, 1:138
§415.

49

CELUI QUI ACCUEILLAIT LES AUTRES CHALEUREUSEMENT

Une des pratiques les plus appréciées de notre bien-aimé Prophète Muhammad ﷺ avait trait aux salutations de paix. Chaque fois que le Messager ﷺ rencontrait les autres, il les saluait le premier avec les salutations de paix[1] et il les accueillait en leur serrant la main.[2] Il enjoignait à ses disciples de se saluer de la même manière et d'adresser les salutations de paix à ceux qu'ils connaissaient comme à ceux qu'ils ne connaissaient pas.[3]

On rapporte que le Prophète ﷺ souriait quand il rencontrait les autres. Chaque fois qu'il frappait à la porte de quelqu'un, il ne se tenait jamais en face de la porte mais gardait une petite distance et se mettait sur le côté pour ne pas effrayer la personne qui ouvrait et pour lui donner de l'espace.[4] Si quelqu'un l'appelait il ne tournait pas seulement la tête, mais il se tournait de tout son corps vers la personne et lui accordait toute son attention.[5]

---

[1] Rapporté par •al-Tirmidhī dans *al-Shamāʾil al-Muḥammadiyya*, p. 38 §8. •al-Ṭabarānī dans *al-Muʿjam al-Kabīr*, 22:156 §414.

[2] Rapporté par •Abū Dāwūd dans *al-Sunan*, 4:354 §5214.

[3] Rapporté par •al-Bukhārī dans *al-Ṣaḥīḥ*, 5:2302 §5882.

[4] Rapporté par •Abū Dāwūd dans *al-Sunan*, 4:348 §5186.

[5] Rapporté par •al-Tirmidhī dans *al-Shamāʾil al-Muḥammadiyya*, p. 38 §8. •al-Ṭabarānī dans *al-Muʿjam al-Kabīr*, 22:156 §414.

L'amoureux De La Connaissance Et De La Sagesse

Le Prophète Muhammad ﷺ a dit : "La sagesse est l'objet perdu du croyant, qu'il en réclame partout où elle se trouve[1]!" Il rendit obligatoire la recherche de la connaissance pour tous les musulmans, en déclarant : "La quête du savoir est du devoir de chaque musulman,"[2] Il mit en garde contre la dissimulation et la rétention de la science, en affirmant : "Au Jour de la Résurrection on mettra une bride de feu à celui qu'on interroge au sujet de quelque chose qu'il connaît mais qu'il la dissimule."[3]

Le noble Prophète Muhammad ﷺ encouragea les musulmans à rechercher la connaissance. Il annonça : "Celui qui cherche la connaissance et qui y parvient aura une double part de récompense. Mais celui qui ne l'atteint pas n'en aura qu'une seule,"[4] Il a dit également : "Si quelqu'un cherche le savoir, ce sera une expiation pour ses péchés passés."[5]

---

[1] Rapporté par •al-Tirmidhī dans *al-Sunan*, 5:51 §2687. •Ibn Mājah dans *al-Sunan*, 2:1395 §4169.

[2] Rapporté par •Ibn Mājah dans *al-Sunan*, 1:81 §224. •Abū Yaʿlā dans *al-Musnad*, 7:96 §4035.

[3] Rapporté par •Aḥmad b. Ḥanbal dans *al-Musnad*, 2:263 §7561. •Abū Dāwūd dans *al-Sunan*, 3:321 §3658. •Ibn Mājah dans *al-Sunan*, 1:97 §264.

[4] Rapporté par •al-Dārimī dans *al-Sunan*, 1:108 §335.

[5] Rapporté par •al-Tirmidhī dans *al-Sunan*, 5:29 §2648. •al-Dārimī dans *al-Sunan*, 1:149 §561.

5 1

LE DÉFENSEUR DE L'ENVIRONNEMENT

Le Prophète ﷺ a soutenu : "Si un musulman plante un arbre ou sème des graines et qu'un oiseau, une personne ou un animal en mange, cela est considéré comme un don charitable de sa part."[1] Il a aussi précisé : "Si l'Heure (le Jour de la Résurrection) est sur le point de se produire et que l'un d'entre vous tient dans ses mains une pousse de palmier, qu'il en tire avantage pour la planter, même une seconde avant l'avènement[2] de l'Heure."[3] Il a également prohibé la coupe des arbres de la Mecque et de Médine[4] qu'il a sanctuarisés. Il a aussi interdit le déracinement des arbres, en temps de guerre.[5]

---

[1] Rapporté par •al-Bukhārī dans *al-Ṣaḥīḥ*, 2:817 §2195. •Muslim dans *al-Ṣaḥīḥ*, 3:1189 §1553.

[2] Rapporté par •ʿAbd b. Ḥumayd dans *al-Musnad*, p. 366 §1216. •al-Hindī dans *Kanz al-ʿUmmāl*, 3:360 §9056.

[3] Rapporté par •al-Bukhārī dans *al-Ṣaḥīḥ*, 2:651 §1735. •Muslim dans *al-Ṣaḥīḥ*, 2:987 §1354.

[4] Rapporté par •al-Bukhārī dans *al-Ṣaḥīḥ*, 2:661 §1768. •Muslim dans *al-Ṣaḥīḥ*, 2:994 §1366. •Aḥmad b. Ḥanbal dans *al-Musnad*, 3:393 §15270.

[5] Rapporté par •Abū Dāwūd dans *al-Sunan*, 3:41 §2629.

52

Celui Qui Enseignait L'Hygiène

Le Prophète Muhammad ﷺ enseignait à ses disciples à observer des normes d'hygiène exigeantes. Il les encourageait à se laver avant chaque prière ainsi qu'à se laver la bouche.[1] Il évitait les aliments qui donnaient de fortes odeurs, comme l'oignon.[2] Il enjoignait aussi aux gens de prendre un bain et de porter des vêtements propres, quand ils venaient à la mosquée pour la prière du vendredi.[3] Il apprenait aussi à ses disciples l'hygiène à adopter après s'être rendus aux toilettes, et à veiller en particulier à ce que le corps et les vêtements ne soient pas souillés.[4] Parmi ces pratiques, il y avait le lavage des mains, avant et après avoir mangé.[5]

---

[1] Rapporté par •al-Bukhārī dans *al-Ṣaḥīḥ*, 1:303 §847. •Muslim dans *al-Ṣaḥīḥ*, 1:220 §252.

[2] Rapporté par •al-Bukhārī dans *al-Ṣaḥīḥ*, 5:2077 §5137. •Muslim dans *al-Ṣaḥīḥ*, 3:1623 §2053.

[3] Rapporté par •al-Bukhārī dans *al-Ṣaḥīḥ*, 1:301 §843. •Aḥmad b. Ḥanbal dans *al-Musnad*, 5:438 §23761.

[4] Rapporté par •al-Dāraquṭnī dans *al-Sunan*, 1:127 §1, 2.

[5] Rapporté par •Aḥmad b. Ḥanbal dans *al-Musnad*, 5:441 §23783. •Abū Dāwūd dans *al-Sunan*, 3:345 §3761.

53

Le Fondateur De La Première Constitution

Quand le Prophète Muhammad ﷺ émigra à Médine, il forma une alliance politique avec les Juifs, les Chrétiens et les autres minorités non-musulmanes qui résidaient à Médine. Il rédigea un accord formel, visant à mettre un terme aux cycles amers de violence, entre les clans en conflit. Ce document célèbre, connu comme étant "la Constitution de Médine", devint la première constitution écrite dans l'histoire de l'humanité.[1]

---

[1] Rapporté par •Abū ʿUbayd al-Qāsim b. Sallām dans *Kitāb al-Amwāl*, pp. 166, 260 §328, 518. •Ḥumayd b. Zanjawayh dans *Kitāb al-Amwāl*, 1:331 §508; 2:466 §750. •al-Bayhaqī dans *al-Sunan al-Kubrā*, 8:106 §16147. •Ibn Hishām dans *al-Sīra al-Nabawiyya*, 3:31. •Ibn Sayyid al-Nās dans *ʿUyūn al-Athar*, 1:227. •Ibn Taymiyya dans *al-Ṣārim al-Maslūl ʿalā Shātim al-Rasūl*, 2:129. •al-Ṣāliḥī dans *Subul al-Hudā wa al-Rishād*, 3:555.

54

LE GRAND ADMINISTRATEUR

Le Prophète Muhammad ﷺ donna les ordres suivants pour apporter de l'aisance, dans les moments de difficultés. Lors d'un jour pluvieux, il conseilla aux fidèles de faire la prière du vendredi chez eux ;[1] durant une épidémie, il demanda aux gens de se mettre en quarantaine et de maintenir la distanciation sociale, en ne faisant pas de visites et en ne quittant pas la région.[2] Il ouvrit le Trésor Public afin de pourvoir aux besoins essentiels des gens et appela la population à donner généreusement. Il initia une soupe populaire pour nourrir ceux qui étaient incapables de prendre soin d'eux-mêmes. Il désigna une équipe de volontaires pour faciliter, au moment approprié, les dépenses de premières nécessités. Il avertit les commerçants ou les marchands afin qu'ils ne fassent pas de stocks ou qu'ils ne pratiquent pas des prix abusifs, en temps de crise. Il invita les gens à consulter des experts médicaux. Il conseilla aussi de suivre les règles d'hygiène qui ne se limitent pas au lavage des mains cinq fois par jour, durant le *wuḍū'*. Il déconseilla également de jeter les ordures dans des lieux publics et ordonna qu'elles soient débarrassées en toute sécurité.

---

[1] Rapporté par •al-Bukhārī dans *al-Ṣaḥīḥ*, 1:306 §859. •Muslim dans *al-Ṣaḥīḥ*, 1:485 §699.

[2] Rapporté par •al-Bukhārī dans *al-Ṣaḥīḥ*, 5:2163 §5396. •Aḥmad b. Ḥanbal dans *al-Musnad*, 1:180 §1554.

5 5

Le Partisan De La Modération

Le Prophète ﷺ a averti : "Prenez garde à ne pas aller vers les extrêmes dans la religion, car la seule chose qui a détruit ceux qui vous ont précédés est l'extrémisme en matière de religion."[1] Les Compagnons relatent qu'il leur a ordonné d'adhérer à la voie modérée et à ne pas rendre la religion difficile, autrement, elle prendrait le dessus sur eux.[2] Il a inculqué la modération dans la pratique religieuse, en conseillant à ses disciples d'accomplir des actes surérogatoires autant qu'ils peuvent le supporter et de ne pas aller vers les extrêmes.[3]

Il a aussi enseigné que les excès, que ce soit dans les actes d'adoration ou dans les transactions personnelles, doivent être évités. On rapporte qu'une fois il a dit, "Tenez-vous aux actions que vous pouvez supporter, car Dieu ne se lasse pas avant que vous ne vous lassiez. En effet, les actions les plus aimées, aux yeux de Dieu, sont celles qui sont les plus constantes, même si elles sont petites."[4]

---

[1] Rapporté par •Aḥmad b. Ḥanbal dans *al-Musnad*, 1:215 §1851. •al-Nasāʾī dans *al-Sunan*, 5:268 §3057.

[2] Rapporté par •al-Bukhārī dans *al-Ṣaḥīḥ*, 1:23 §39. •al-Nasāʾī dans *al-Sunan*, 8:122 §5034.

[3] Rapporté par •al-Bukhārī dans *al-Ṣaḥīḥ*, 5:2373 §6098. •Ibn al-Jaʿd dans *al-Musnad*, 1:407 §2773.

[4] Rapporté par •al-Bukhārī dans *al-Ṣaḥīḥ*, 5:2201 §5523. •Muslim dans *al-Ṣaḥīḥ*, 1:540 §782.

56

Le Maître Dans Le Contrôle De Soi

Le Prophète Muhammad ﷺ a affirmé : "Le plus grand combattant dans la voie de Dieu est celui qui se bat contre son 'moi intérieur'," Selon le Prophète ﷺ lutter contre son égo et apprendre la maîtrise de soi sont les plus grandes choses auxquelles on peut aspirer.[1] Dans un autre récit, on trouve l'enseignement contre la masculinité toxique, l'encouragement adressé aux hommes à faire preuve de retenue et à maîtriser leur colère. Le Prophète ﷺ a dit : "L'homme fort n'est pas celui qui est bon dans la lutte mais bel et bien celui qui se contrôle dans un accès de colère."[2]

---

[1] Rapporté par •Aḥmad b. Ḥanbal dans *al-Musnad*, 2:128 §6116. •Ibn Mājah dans *al-Sunan*, 2:1401 §4189.

[2] Rapporté par •al-Bukhārī dans *al-Ṣaḥīḥ*, 5:2267 §5763. •Muslim dans *al-Ṣaḥīḥ*, 4:2014 §2609.

57

Celui Qui Incitait À La Solidarité Dans Le Bien

Le Prophète ﷺ a adopté le principe coranique suivant : ❴*Entraidez-vous dans l'accomplissement des bonnes œuvres et de la piété et ne vous entraidez pas dans le pêché et la transgression*❵ [Coran: 5:2.] Il a dit : "Si quelqu'un soulage un croyant musulman de l'une des difficultés de cette vie terrestre, Dieu le soulagera de l'une des épreuves du Jour de la Résurrection." Si quelqu'un facilite les choses à celui qui lui est redevable, (alors qu'il trouve le remboursement difficile) Dieu facilitera les choses pour lui dans cette vie terrestre et dans l'au-delà ; et si quelqu'un cache les fautes d'un musulman, Dieu dissimulera les siennes, dans ce monde et dans l'au-delà. Dieu aide son serviteur aussi longtemps qu'il aide son frère."[1]

---

[1] Rapporté par •Muslim dans *al-Ṣaḥīḥ*, 4:2074 §2699. •Aḥmad b. Ḥanbal dans *al-Musnad*, 2:252 §7421. •Abū Dāwūd dans *al-Sunan*, 4:287 §4946.

58

L'initiateur De La Justice Dans La Guerre

Le Prophète ﷺ ne recourut jamais au combat pour défendre sa propre personne, à moins que ce ne soit le dernier ressort. Il fixa des limites à la guerre en y instituant des règles. A titre d'exemple, il interdit de tuer les non-combattants. Il dit : "Allez au nom de Dieu, en ayant confiance en l'apôtre de Dieu et en adhérant à la religion du Prophète de Dieu. Ne tuez pas un vieil homme décrépit, un bébé, un enfant ou une encore femme. Ne soyez pas malhonnêtes dans le butin mais rassemblez-les. Faites le bien et agissez en bien, car Dieu aime ceux qui font le bien."[1]

Cette limitation dans l'auto-défense s'étendit également à d'autres communautés religieuses, car le Prophète ﷺ interdit de tuer des moines ou des prêtres et de démolir des lieux de culte.[2] Il proscrivit aussi la destruction de l'environnement, en prohibant le déracinement des forêts et des arbres ou en incendiant les récoltes ou les champs.[3] De même, il condamna le meurtre des marchands et des commerçants, car cela affecterait l'approvisionnement alimentaire pour le peuple et causerait des difficultés et des contraintes excessives.

---

[1] Rapporté par •al-Bayhaqī dans *al-Sunan al-Kubrā*, 9:90 §17934. •al-Hindī dans *Kanz al-ʿUmmāl*, 4:205 §11425.

[2] Rapporté par •Ibn Abī Shayba dans *al-Muṣannaf*, 6:484 §33132. •Abū Yaʿlā dans *al-Musnad*, 5:59 §2650.

[3] Rapporté par •al-Bayhaqī dans *al-Sunan al-Kubrā*, 9:90 §17934. •al-Hindī dans *Kanz al-ʿUmmāl*, 4:205 §11425.

59

CELUI QUI REJETAIT LA THÉSAURISATION ET LE GASPILLAGE

Le Prophète ﷺ mit en garde : "Ne thésaurisez pas, autrement Dieu vous privera de Ses bienfaits." Accumuler des ressources et des provisions est nuisible pour la société, ceci étant contraire aux enseignements de l'Islam. Le Prophète Muhammad ﷺ condamna strictement de telles pratiques.[1] Il enseigna à ses disciples de ne pas hausser les prix. Il dit : "N'allez pas à la rencontre de la caravane (pour acheter vos biens), mais attendez jusqu'à ce qu'elle parvienne au marché."[2] Ce commandement avait pour but d'arrêter l'augmentation des prix et qu'un monopole soit développé, parce que la société doit être construite sur une distribution juste et équitable entre tous les membres de la société.

De même, le Messager de Dieu ﷺ détestait le gaspillage, même s'il n'y avait aucune crainte que la ressource soit épuisée. À titre d'exemple, le bien-estimé Prophète ﷺ exhorta : "Ne gaspillez pas l'eau, quand bien même vous seriez près d'un cours d'eau."[3] Même si une ressource était illimitée, il nous apprit à la préserver et à être conscient de l'usage que nous en faisions, de peur qu'un jour Dieu nous retire cette faveur. Ainsi, éviter le gaspillage est une façon d'être reconnaissant

---

[1] Rapporté par •Muslim dans *al-Ṣaḥīḥ*, 3:1227 §1605. •Aḥmad b. Ḥanbal dans *al-Musnad*, 3:453 §15796.

[2] Rapporté par •al-Bukhārī dans *al-Ṣaḥīḥ*, 2:758 §2054.

[3] Rapporté par •Aḥmad b. Ḥanbal dans *al-Musnad*, 2:221 §7065. •Ibn Mājah dans *al-Sunan*, 1:147 §425.

envers les bienfaits de Dieu et c'est ce que le Prophète ﷺ a
inculqué à ses disciples.

60

LE MEILLEUR FACE
À LA CRITIQUE

Le rabbin juif Zayd b. Sa'na voulut mettre à l'épreuve la patience du Messager ﷺ pour savoir s'il était vraiment le Prophète de Dieu ﷺ. Il lui prêta de l'argent que ce dernier promit de rembourser, à une certaine date. Cependant, Zayd b. Sa'na vint voir le Messager ﷺ avant la date prévue et réclama que son argent lui soit restitué. Mais le traitement qu'il réserva au Prophète ﷺ fut très dur. Il utilisa aussi des paroles offensantes. En entendant ceci, le Compagnon 'Umar ﷺ se mit en colère et se leva pour confronter le rabbin. Pourtant, le noble Prophète ﷺ s'écria : "[Ô 'Umar !] Cet homme a droit à un meilleur traitement venant de toi. Tu aurais dû me conseiller de rembourser le prêt promptement et lui recommander d'exécuter sa demande poliment."[1]

---

[1] Rapporté par •Abū al-Shaykh al-Aṣbahānī dans *Akhlāq al-Nabī* ﷺ *wa Ādābuhū*, 1:475 §178.

61

CELUI QUI FAISAIT LE MEILLEUR USAGE DE SON TEMPS

Le Prophète ﷺ enseigna l'importance du temps. Partant de son exemple, il partageait son temps de manière proportionnelle en se consacrant à l'adoration de Dieu, au service de sa famille et à sa propre personne – Et même en cette occasion, il attribuait son temps personnel aux autres. Il sacrifiait son temps libre pour aider les gens et les réconforter. Il passait la plupart de ses jours à enseigner et à éduquer ses Compagnons de telle sorte qu'ils venaient à lui dans un état d'ignorance et repartaient de ces réunions en tant que savants et juristes.[1]

---

[1] Rapporté par •al-Ṭabarānī dans *al-Aḥādīth al-Ṭawāl*, 1:245 §29; & dans *al-Muʿjam al-Kabīr*, 22:157 §414. •al-Haythamī dans *Majmaʿ al-Zawāʾid*, 8:274. •al-Hindī dans *Kanz al-ʿUmmāl*, 7:64 §18535.

62

SES ENSEIGNEMENTS

Le Prophète Muhammad ﷺ ordonna le bien et interdit le mal. Voici quelques-uns de ses enseignements :

Un des Compagnons du Messager ﷺ a dit : "Le Prophète de Dieu prit de nous, aussi bien que des femmes, un engagement selon lequel nous n'attribuerons aucun associé à Dieu, nous ne volerons pas, nous ne commettrons pas l'adultère, nous ne tuerons pas nos enfants et nous ne nous calomnierons pas les uns les autres."[1]

D'après un autre Compagnon, le Prophète ﷺ a déclaré : "Si tu observes tes cinq prières, tu jeûnes durant le mois de Ramadan, tu paies l'aumône sur tes biens et enfin tu obéis à celui qui a le droit de te donner des ordres, alors tu entreras dans le Paradis de ton Seigneur."[2]

Il a aussi énoncé : "Nourrissez les pauvres, rendez visite aux malades et libérez celui qui est en captivité (en payant sa rançon)."[3]

Il a également affirmé : "Par celui qui tient mon âme entre Ses mains, vous ne rentrerez pas au paradis jusqu'à ce que vous croyiez et vous ne croirez pas jusqu' à ce que vous vous aimiez. Puis-je vous informer sur une chose qui, si vous la pratiquez,

---

[1] Rapporté par •al-Bukhārī dans *al-Ṣaḥīḥ*, 1:15 §18.

[2] Rapporté par •Aḥmad b. Ḥanbal dans *al-Musnad*, 5:251 §22215. •al-Tirmidhī dans *al-Sunan*, 2:516 §616.

[3] Rapporté par •al-Bukhārī dans *al-Ṣaḥīḥ*, 5:2139 §5325. •Aḥmad b. Ḥanbal dans *al-Musnad*, 4:394 §19535.

vous vous aimerez ? Répandez la salutation de paix, parmi vous."[1]

De ses enseignements, on relève sa parole : "Un musulman est un frère pour un autre musulman. Il ne doit jamais le tromper, ni lui mentir ni le laisser sans lui apporter de l'aide. Chaque chose appartenant à un musulman est inviolable pour un musulman : son honneur, son sang et ses biens. La piété est là (et il désigna sa poitrine trois fois). Il suffit pour un musulman de mépriser son frère pour commettre le mal."[2]

---

[1] Rapporté par •Muslim dans *al-Ṣaḥīḥ*, 1:74 §54.

[2] Rapporté par •Aḥmad b. Ḥanbal dans *al-Musnad*, 2:360 §8707.

63

SES PRINCIPES EN OR

Le Prophète Muhammad ﷺ était connu pour l'exhaustivité de son discours.[1] Ses mots complets étaient les principes en or de ses enseignements. Ils constituent le socle de l'Islam. Parmi ses paroles exhaustives, on trouve :

"La religion est la sincérité."[2]

"Ne portez pas préjudice ou ne rendez pas le mal par le mal…"[3]

"Les actes ne valent que par leurs intentions."[4]

"Dieu est beau et Il aime la beauté."[5]

"Celui qui croit en Dieu et au Jour Dernier, qu'il dise le bien ou qu'il se taise."[6]

"Craignez Dieu où que vous soyez. Faites suivre une mauvaise action par une bonne afin de l'effacer, et traitez les gens avec bonté."[7]

---

[1] Rapporté par •Aḥmad b. Ḥanbal dans *al-Musnad*, 2:172 §6606.

[2] Rapporté par •al-Bayhaqī dans *Shuʿab al-Īmān*, 6:25 §7400.

[3] Rapporté par •Aḥmad b. Ḥanbal dans *al-Musnad*, 1:313 §2867. •Ibn Mājah dans *al-Sunan*, 2:784 §2341.

[4] Rapporté par •al-Bukhārī dans *al-Ṣaḥīḥ*, 1:3 §1.

[5] Rapporté par •Muslim dans *al-Ṣaḥīḥ*, 1:93 §91. •Aḥmad b. Ḥanbal dans *al-Musnad*, 1:399 §3789.

[6] Rapporté par •al-Bukhārī dans *al-Ṣaḥīḥ*, 5:2376 §6110. •Muslim dans *al-Ṣaḥīḥ*, 1:68 §47.

[7] Rapporté par •Aḥmad b. Ḥanbal dans *al-Musnad*, 5:153 §21392. •al-Tirmidhī dans *al-Sunan*, 4:355 §1987.

"Chaque être humain commet une faute et le meilleur de ceux qui commettent des fautes sont ceux qui se repentent et qui demandent pardon."[1]

"Une bonne parole est une aumône."[2]

"Sois dans ce monde comme un étranger."[3]

"Celui qui encourage une bonne action est comme celui qui l'a faite."[4]

[1] Rapporté par •Aḥmad b. Ḥanbal dans *al-Musnad*, 3:198 §13072. •al-Tirmidhī dans *al-Sunan*, 4:659 §2499.

[2] Rapporté par •al-Bukhārī dans *al-Ṣaḥīḥ*, 3:1059 §2734. •Muslim dans *al-Ṣaḥīḥ*, 2:699 §1009.

[3] Rapporté par •al-Bukhārī dans *al-Ṣaḥīḥ*, 5:2358 §6053. •Aḥmad b. Ḥanbal dans *al-Musnad*, 2:24 §4764.

[4] Rapporté par •Abū Nuʿaym dans *Musnad Abī Ḥanīfa*, p. 151. •Abū Yaʿlā dans *al-Musnad*, 7:275 §4296.

BIBLIOGRAPHIE

Le Saint Coran

Ibn ʿAbd al-Barr, Abū ʿUmar Yūsuf b. ʿAbd Allāh b. Muhammad (368–463 AH/979–1071 CE), *al-Istīʿāb fī Maʿrifa al-Aṣḥāb*, Beirut, Lebanon : Dār al-Jīl, 1412 AH.

ʿAbd al-Razzāq, Abū Bakr b. Hammām b. Nāfiʿ al-Ṣanʿānī (126–211 AH/744–826 CE), *al-Muṣannaf*, Beirut, Lebanon : al-Maktab al-Islāmī, 1403 AH.

ʿAbd b. Ḥumayd, Abū Muhammad b. Naṣr al-Kasī (d. 249 AH/863 CE), *al-Musnad*, Cairo, Egypt : Maktaba al-Sunna, 1408 AH/1988 CE.

Ibn Abī ʿĀṣim, Abū Bakr b. ʿAmr al-Ḍaḥḥāk b. Makhlad al-Shaybānī (206–287 AH/822–900 CE), *al-Sunna*, Beirut, Lebanon : al-Maktab al-Islāmī 1400 AH.

Ibn Abī al-Dunyā, *al-Ṣamt wa Ādāb al-Lisān*.

Ibn Abī Shayba, Abū Bakr ʿAbd Allāh b. Muhammad b. Ibrahīm b. ʿUthmān al-Kūfī (159–235 AH/776–850 CE), *al-Muṣannaf*, Riyadh, Saudi Arabia : Maktaba al-Rushd, 1409 AH.

Ahmad b. Ḥanbal, Abū ʿAbd Allāh b. Muhammad (164–241 AH/780–855 CE), *al-Musnad*, Beirut, Lebanon : al-Maktab al-Islāmī, 1398 AH/1978.

Abū ʿAwāna, Yaʿqūb b. Isḥāq b. Ibrāhīm b. Zayd al-Naysabūrī (230–316 AH/845–928 CE), *al-Musnad*, Beirut, Lebanon : Dār al-Maʿrifa, 1998.

Ibn ʿAsākir, Abū al-Qāsim ʿAlī b. al-Ḥasan b. Hibat Allāh b. ʿAbd Allāh b. al-Ḥusayn al-Dimashqī (499–571 AH/1105–1176 CE), *Tārīkh Dimashq al-Kabīr*, generally known as *Tārīkh Ibn ʿAsākir*, Beirut, Lebanon : Dār al-Iḥyāʾ al-Turāth al-ʿArabī, 1421 AH/2001 CE.

al-Baghawī, Abū Muhammad al-Ḥusayn b. Masʿūd b. Muhammad

(436–516 AH/1044–1122 CE), *Ma'alim al-Tanzil*, Beirut, Lebanon : Dār al-Ma'rifa, 1407 AH/1987 CE.

Ibn Abī Bakr al-Ashkhar, Jamāl a-Dīn Muhammad al-Zabīdī al-Yamnī al-Shāfi'ī (991 AH/1583 CE), *Sharḥ Bahja al-Maḥāfil wa Bughya al-Amāthil fī Talkhīṣ al-Mu'jizāt wa al-Siyar wa al-Shamā'il* of al-'Āmirī (d. 893 AH), Medina, Saudi Arabia : Maktaba Muhammad Sulṭān.

al-Bayhaqī, Abū Bakr Aḥmad b. al-Ḥusayn b. 'Alī b. 'Abd Allāh b. Mūsā (384–458 AH/994–1066 CE), *Dalā'il al-Nubuwwa*, Beirut, Lebanon : Dār al-Kutub al-'Ilmiyya, 1405 AH/1985 CE.

—. *Shu'ab al-Īmān*, Beirut, Lebanon : Dār al-Kutub al-'Ilmiyya, 1410 AH/1990 CE.

—. *al-Sunan al-Kubrā*, Mecca, Saudi Arabia : Maktaba Dār al-Bāz, 1414 AH/1994 CE.

al-Bayjūrī, *al-Muwāhib al-Laduniyya 'alā al-Shamā'il al-Muhammadiyya*.

al-Bazzār, Abū Bakr Aḥmad b. 'Amr b. 'Abd al-Khāliq al-Baṣrī (210–292 AH/825–905 CE), *al-Musnad*, Beirut, Lebanon : 1409 AH.

al-Bukhārī, Abū 'Abd Allāh Muhammad b. Ismā'īl b. Ibrahīm b. Mughīra (194–256 AH/810–870 CE), *al-Adab al-Mufrad*, Beirut, Lebanon : Dār al-Bashā'ir al-Islāmiyya, 1409 AH/1989 CE.

—. *al-Ṣaḥīḥ*, Beirut, Lebanon, Damascus, Syria : Dār al-Qalam, 1401 AH/1981 CE.

—. *al-Tārīkh al-Kabīr*, Beirut, Lebanon : Dar al-Kutub al-'Ilmiyya, 2001 CE.

al-Dāraquṭnī, Abū al-Ḥasan 'Alī b. 'Umar b. Aḥmad b. al-Mahdī b. Mas'ūd b. al-Nu'mān (306–385 AH/918–995 CE), *al-Sunan*, Beirut, Lebanon : Dār al-Ma'rifa, 1386 AH/1966 CE.

al-Dārimī, Abū Muhammad 'Abd Allāh b. 'Abd al-Raḥmān (181–255 AH/797–869 CE), *al-Sunan*, Beirut, Lebanon : Dār al-Kitāb al-'Arabī, 1407 AH.

Abū Dāwūd, Sulaymān b. Ash'ath b. Isḥāq b. Bashīr al-Sijistānī (202–275 AH/817–889 CE), *al-Sunan*, Beirut, Lebanon : Dār al-Fikr, 1414 AH/1994 CE.

—.*al-Marāsīl*, Beirut, Lebanon : Mu'assasa al-Risāla, 1408 AH.

al-Diyār Bikrī, Ḥusayn b. Muhammad b. al-Ḥasan (d. 966 AH), *Tārīkh al-Khamīs fī Aḥwāl Anfas al-Nafīs*, Beirut, Lebanon : Dār Ṣādir.

al-Durdīr, Abū al-Barakāt Aḥmad b. Muhammad b. Aḥmad (1127–1201 AH/1715–1786 CE), *al-Sharḥ al-Ṣaghīr ʿalā Aqrab al-Masālik ilā Madhhab al-Imām Mālik*, Cairo, Egypt : Dar al-Maʿārif.

al-Fīrūzabādī, Majd al-Dīn Abū Ṭāhir Muhammad b. Yaʿqūb b. Muhammad (729–817 AH/1329–1414 CE), *al-Maghānim al-Maṭāba fī Maʿālim Ṭāba*, Medina, Saudi Arabia : Markaz Buḥūth wa Dirāsāt.

al-Ghazālī, Abū Ḥāmid Muhammad b. Muhammad al-Ghazālī (450–505 AH), *Iḥyāʾ ʿUlūm al-Dīn,* Beirut, Lebanon : Dār al-Maʿrifa.

Ibn Ḥajar al-Haytamī, Abū al-ʿAbbās Aḥmad b. Muhammad b. Muhammad b. ʿAlī b. Muhammad b. ʿAlī (909–973 AH/1503–1566 CE), *al-Fatāwā al-Ḥadīthiyya*, Beirut, Lebanon : Dār Iḥyāʾ al-Turāth al-ʿArabī, 1419 AH/1998 CE.

al-Ḥākim, Abū ʿAbd Allāh Muhammad b. ʿAbd Allāh b. Muhammad (321–405 AH/933–1014 CE), *al-Mustadrak ʿalā al-Ṣaḥīḥayn*, Beirut, Lebanon : Dār al-Kutub al-ʿIlmiyya, 1411 AH/1990 CE.

al-Ḥalabī, Abū al-Farj ʿAlī b. Ibrāhīm b. Aḥmad (987–1044 AH/1567–1635 CE), *Insān al-ʿUyūn fī Sīra al-Amīn al-Maʾmūn ﷺ (al-Sīra al-Ḥalabiyya)*, Beirut, Lebanon : Dār al-Maʿrifa, 1400 AH.

—. *Insān al-ʿUyūn fī Sīra al-Amīn al-Maʾmūn ﷺ (al-Sīra al-Ḥalabiyya)*, Beirut, Lebanon : Dār al-Kutub al-ʿIlmiyya, 1427 AH/2006 CE.

al-Ḥārith, Ibn Abī Usāma (186–282 AH/802–895 CE), *Baghyat al-Bāḥith ʿan Zawāʾid Musnad al-Ḥārith*, Medina, Saudi Arabia : Markz Khidma al-Sunna wa al-Sīra al-Nabawiyya, 1413 AH/1992 CE.

al-Haythamī, Nūr al-Dīn Abū al-Ḥasan ʿAlī b. Abī Bakr b. Sulaymān (735–807 AH/1335–1405 CE), *Majmaʿ al-Zawāʾid*, Cairo, Egypt : Dār al-Riyān li al-Turāth & Beirut Lebanon :

Dār al-Kitab al-ʿArabī, 1407 AH/1987 CE.

Ibn Ḥibbān, Abū Ḥātim Muhammad b. Ḥibbān b. Aḥmad b. Ḥibbān (270–354 AH/884–965 CE), *al-Ṣaḥīḥ*, Beirut, Lebanon : Muʾassisa al-Risāla, 1414 AH/1993 CE.

—. *al-Thiqāt*, Beirut, Lebanon : Dār al-Fikr, 1395 AH.

al-Hindī, ʿAlāʾ al-Dīn ʿAlī b. Ḥussām al-Dīn al-Muttaqī (d. 975 AH), *Kanz al-ʿUmmāl fī Sunan al-Afāl wa al-Aqwāl*, Beirut, Lebanon : Muʾassisa al-Risāla, 1399 AH/1979 CE.

Ibn Hishām, Abū Muhammad ʿAbd al-Malik (d. 213 AH/828 CE), *al-Sīra al-Nabawiyya*, Beirut, Lebanon : Dār al-Jīl,1411 AH.

al-Ḥumaydī, Abū Bakr Muhammad b. Isḥāq (d. 219 AH/834 CE), *al-Musnad*, Beirut, Lebanon : Dār al-Kutub al-ʿIlmiyya.

al-Ījī, Abū al-Faḍl ʿAbd al-Raḥmān b. Aḥmad b. ʿAbd al-Ghaffār (d. 756 AH), *al-Mawāqif*, Beirut, Lebanon : Dār al-Jīl, 1997 CE.

Ibn al-Jaʿd, Abū al-Ḥasan ʿAlī b. Jaʿd b. ʿUbayd Hāshimī (133–230 AH/750–845 CE), *al-Musnad*, Beirut, Lebanon : Muʾassisa Nādir, 1410 AH/1990.

al-Jurjānī, Sayyid Mīr Sharīf ʿAlī b. Muhammad b. ʿAlī (d. 816 AH), *Sharḥ al-Mawāqif*, Egypt : Maṭbaʿa al-Saʿāda.

Ibn Kathīr, Abū al-Fidāʾ Ismāʿīl b. ʿUmar (701–774 AH/1301–1373 CE), *Tafsīr al-Qurʾān al-ʿAẓīm*, Beirut, Lebanon : Dār al-Maʿrifa, 1400 AH/1980 CE.

al-Khaṭīb al-Baghdādī, Abū Bakr Aḥmad b. ʿAlī b. Thābit b. Aḥmad b. al-Mahdī b. Thābit (392–463 AH/1002–1071 CE), *Tārīkh Baghdād*, Beirut, Lebanon : Dār al Kutāb al-ʿIlmiyya.

Ibn Khuzayma, Abū Bakr Muhammad b. Isḥāq (223–311 AH/838–924 CE), *al-Ṣaḥīḥ*, Beirut, Lebanon : al-Maktab al-Islāmī, 1390/1970 CE.

Ibn Mājah, Abū ʿAbd Allāh Muhammad b. Yazīd al-Qazwīnī (209–273 AH/824–887 CE), *al-Sunan*, Beirut, Lebanon : Dār al-Kutub al-ʿIlmiyya, 1419 AH/1998 CE.

Ibn al-Malak, Muhammad b. ʿIzz al-Dīn ʿAbd al-Laṭīf b. ʿAbd al-ʿAzīz b. Amīn al-Dīn b. Firishtā al-Rūmī al-Kirmānī al-Ḥanafī, *Sharḥ Maṣābīḥ al-Sunna* of al-Baghawī, Idāra al-Thafāqa al-Islāmiyya, 1433 AH/2012 CE.

al-Maqdisī, Muhammad b. ʿAbd al-Wāḥid al-Ḥanbalī, (567–643

AH), *al-Aḥādīth al-Mukhtāra*, Mecca, Saudi Arabia : Maktaba al-Nahda al-Ḥadīthiyya, 1410 AH/1990 CE.

al-Mullā ʿAlī al-Qārī, Nūr al-Dīn Abū al-Ḥasan ʿAlī b. Sulṭān Muhammad al-Harawī (d. 1014 AH/1606 CE), *Sharḥ al-Shifā*, Beirut, Lebanon : Dār al-Kutub al-ʿIlmiyya, 1421 AH/2001 CE.

—. *Mirqāt al-Mafātīḥ Sharḥ Mishkāt al-Maṣābīḥ*, Beirut, Lebanon : Dār al-Fikr, 1422 AH/2002 CE.

al-Mundhirī, Abū Muhammad ʿAbd al-Aẓīm b. ʿAbd al-Qawī b. ʿAbd Allāh b. Salama b. Saʿd (581–656 AH/1185–1258 CE), *al-Targhīb wa al-Tarhīb*, Beirut, Lebanon : Dār al-Kutub al-ʿIlmiyya, 1417 AH.

Muslim, Ibn al-Ḥajjāj Abū al-Ḥusayn al-Qushayrī al-Naysābūrī (206–261 AH/821–875 CE), *al-Ṣaḥīḥ*, Beirut, Lebanon : Dār al-Iḥyāʾ al-Turāth al-ʿArabī.

al-Muẓhiri, Maẓhar al-Dīn al-Ḥusayn b. Maḥmūd b. al-Ḥasan al-Zaydānī ak-Kūfī al-Ḥanafī, *al-Mafātīḥ fī Sharḥ al-Maṣabīḥ*, Kuwait : Ministry for Awqaf, 1433 AH/2012 CE.

al-Nasāʾī, Aḥmad b. Shuʿayb Abū ʿAbd al-Raḥmān (215–303 AH/830–915 CE), *al-Sunan*, Beirut, Lebanon : Dār al-Kutub al-ʿIlmiyya, 1416 AH/1995 CE.

—. *al-Sunan al-Kubrā*, Beirut, Lebanon : Dār al-Kutub al-ʿIlmiyya, 1411 AH/1991 CE.

Niẓām al-Dīn al-Naysābūrī, al-Ḥasan b. Muhammad (d. 850 AH), *Gharāʾib al-Qurʾān wa Raghāʾib al-Furqān*, Beirut, Lebanon : Dār al-Kutub al-ʿIlmiyya, 1416 AH.

Abū Nuʿaym, Aḥmad b. ʿAbd Allāh b. Aḥmad b. Isḥāq b. Mūsā b. Mihrān al-Aṣbahānī (336–430 AH/948–1038 CE), *Dalāʾil al-Nubuwwa*, Hyderabad, India : Majlis Dāʾira Maʿārif ʿUthmāniyya.

—. *Ḥilya al-Awliyāʾ wa Ṭabaqāt al-Aṣfiyāʾ*, Beirut, Lebanon : Dār al-Kitāb al-ʿArabī, 1985 CE.

—. *Musnad al-Imām Abī Ḥanīfa*, Riyad, Saudi Arabia, Maktaba al-Kawthar, 1415 AH.

—. *Maʿrifat al-Ṣaḥāba*, Riyadh, Saudi Arabia : Dār al-Waṭan liʾl-Nashr, 1419 AH/1998 CE.

al-Qāḍī ʿIyāḍ, Abū al-Faḍl ʿIyāḍ b. Mūsā b. ʿIyāḍ b. ʿAmr b. Mūsā

b. ʿIyāḍ b. Muhammad b. Mūsā b. ʿIyāḍ al-Yaḥṣubī (476–544 AH/1083–1149 CE), *al-Shifā bi-Taʿrīf Ḥuqūq al-Muṣṭafā* ﷺ, Beirut, Lebanon : Dār al-Kitab al-ʿArabī.

al-Qasṭallānī, Abū al-ʿAbbās Aḥmad b. Muhammad b. Abī Bakr b. ʿAbd al-Malik b. Aḥmad b. Muhammad b. Muhammad b. Ḥusayn b. ʿAlī (851–923 AH/1448–1517 CE), *al-Mawāhib al-Ladunniyya biʾl-Minaḥ al-Muhammadiyya*, Beirut, Lebanon : al-Maktab al-Islamī, 1412 AH/1991 CE.

al-Qurṭubī, Abū ʿAbd Allāh Muhammad b. Aḥmad b. Muhammad b. Yaḥyā b. Mufarraj al-Umawī (d. 671 AH), *al-Jāmiʿ li-Aḥkām al-Qurʾān*, Beirut, Lebanon : Dār al-Iḥyāʾ al-Turāth al-ʿArabī.

al-Rāghib al-Aṣfahānī, Abū al-Qāsim al-Ḥusyan b. Muhammad (d. 502 AH), *al-Mufradāt*, Beirut, Lebanon : Dār al-Qalam, 1412 AH.

Ibn Rāhawayh, Abū Yaʿqūb Isḥāq b. Ibrahīm b. Makhlad b. Ibrahīm b. ʿAbd Allāh (161–237 AH/778–851 CE), *al-Musnad*, Medina, Saudi Arabia : Maktaba al-Īmān, 1412 AH/1991 CE.

Ibn Rāshid, Maʿmar b. Rāshid al-Azdī (d. 151 AH), *al-Jāmiʿ*, Beirut, Lebanon : al-Maktab al-Islāmī, 1403 AH.

ʿAbd al-Razzāq, Abū Bakr b. Hammām b. Nāfiʿ al-Ṣanʿānī (126–211 AH/744–826 CE), *al-Muṣannaf*, Lahore, Pakistan : Muʾassisa al-Sharf, 1425 AH/2005 CE.

al-Rūyānī, Abū Bakr Muhammad b. Hārūn (d. 307 AH), *al-Musnad*, Cairo, Egypt : Muʾassisa Cordoba, 1416 AH.

Abū Saʿd al-Naysabūrī, ʿAbd al-Malik b. Abī ʿUthmān Muhammad b. Ibrāhīm al-Kharkūshī (d. 407 AH/1016), *Sharaf al-Muṣṭafāʾ* ﷺ, Mecca, Saudi Arabia : Dār al-Bashāʾir al-Islāmiyya, 1424 AH/2003 CE.

Ibn Saʿd, Abū ʿAbd Allāh Muhammad (168–230 AH/784–845 CE), *al-Ṭabaqāt al-Kubrā*, Beirut, Lebanon : Dār Beirut li al-Ṭabat wa al-Nashr, 1398 AH/1978 CE.

al-Ṣāliḥī, Muhammad b. Yūsuf al-Ṣāliḥī al-Dimashqī al-Shāfiʿī (d. 942 AH), *Subul al-Hudā wa al-Rishād*, Beirut, Lebanon : Dār al-Kutub al-ʿIlmiyya, 1414 AH/1993 CE.

al-Ṣāwī, Abū al-ʿAbbās Aḥmad b. Muhammad al-Malikī (d. 1241 AH), *Bulgha al-Sālik li-Aqrab al-Masālik ilā Madhhab al-Imām*

Mālik, Cairo, Egypt : Dar al-Maʿārif.

—. *Ḥāshiya ʿalā Tafsīr al-Jalālayn*, Beirut, Lebanon : Dār al-Fikr, 1419 AH/1998 CE.

al-Shāfiʿī, Abū ʿAbd Allāh Muhammad b. Idrīs b. ʿAbbās b. ʿUthmān b. al-Shāfiʿ al-Qurashī (150–204 AH/767–819 CE), *al-Musnad*, Beirut, Lebanon : Dār al-Kutub al-ʿIlmiyya.

al-Shawkānī, Muhammad b. ʿAlī b. Muhammad (1173–1250 AH/1760–1834 CE), *Nayl al-Awṭār Sharḥ Muntaqā al-Akhbār*, Beirut, Lebanon : Dār al-Fikr, 1402 AH/1982 CE.

Ibn Abī Shayba, Abū Bakr ʿAbd Allāh b. Muhammad b. Ibrahīm b. ʿUthmān al-Kūfī (159–235 AH/776–850 CE), *al-Muṣannaf*, Riyadh, Saudi Arabia : Maktaba al-Rushd, 1409 AH.

Abū al-Shaykh al-Aṣbahānī, Abū Muhammad ʿAbd Allāh b. Muhammad b. Jaʿfar b. Ḥayyān al-Anṣārī (d. 369 AH), *Akhlāq al-Nabī ﷺ wa Ādābuhū*, Dār al-Muslim liʾl-Nashr wa al-Tawzīʿ, 1998 CE.

Ibn al-Sunnī, Aḥmad b. Muhammad al-Daynūrī (284–364 AH), *ʿAmal al-Yawm wa al-Layla*, Beirut, Lebanon : Dār Ibn Ḥazm, 1425 AH/2004 CE.

al-Suyūṭī, Jalāl al-Dīn Abū al-Faḍl ʿAbd al-Raḥmān b. Abī Bakr b. Muhammad b. Abī Bakr b. ʿUthmān (849–911 AH/1445–1505), *al-Khaṣāʾiṣ al-Kubrā*, Faisalabad, Pakistan : Maktaba al-Nūriyya al-Riḍwiyya.

—. *al-Riyāḍ al-Anīqa fī Sharḥ Asmāʾ Khayr al-Khalīqa.*

—. *al-Shamāʾil al-Sharīfa*, Dār Ṭāʾir al-ʿIlm liʾl-Nashr wa al-Tawzīʿ.

al-Ṭabarānī, Abū al-Qāsim Sulaymān b. Aḥmad b. Ayyūb b. Maṭīr al-Lakhmī (260–360 AH/873–971), *Kitāb al-Duʿāʾ*, Beirut, Lebanon : Dār al-Kutub al-ʿIlmiyya, 1421 AH/2001 CE.

—. *al-Muʿjam al-Awsaṭ*, Riyadh, Saudi Arabia : Maktaba al-Maʿārif, 1405 AH/1985 CE.

—. *al-Muʿjam al-Kabīr*, Mosul, Iraq : Matbaʿa al-Zahrāʾ al-Ḥadītha.

—. *Musnad al-Shāmiyyīn*, Beirut, Lebanon : Muʾassisa al-Risāla, 1405/1985 CE.

—. *al-Aḥādīth al-Ṭawāl*, Mosul, Iraq, Maktaba al-Zahrāʾ, 1404

AH/1983 CE.

al-Ṭabarī, Abū Jaʿfar Aḥmad Muhammad b. Jarīr b. Yazīd (224–310 AH/839–923 CE), *Tārīkh al-Umam wa al-Mulūk*, Beirut, Lebanon : Dār al-Kutub al-ʿIlmiyya, 1407 AH.

Tamām al-Rāzī, *al-Fawāʾid*.

al-Ṭayālisī, Abū Dāwūd Sulaymān b. Dāwūd al-Jārūd (133–204 AH/751–819 CE), *al-Musnad*, Beirut, Lebanon : Dār al-Maʿrifa.

al-Tirmidhī, Abū ʿĪsā Muhammad b. ʿĪsā b. Sūra b. Mūsā b. Ḍaḥḥāk Salmā (210–279 AH/825–892 CE), *al-Shamāʾil al-Muhammadiyya wa Khaṣāʾiṣ al-Muṣṭfawiyya*, Beirut, Lebanon : Muʾassisa al-Kutub al-Thaqāfiyya, 1412 AH.

—. *al-Sunan*, Beirut, Lebanon : Dār al-Gharb al-Islāmī, 1998 CE.

Abū Yaʿlā, Aḥmad b. ʿAlī b. Mathnā b. Yaḥyā b. ʿĪsā b. al-Hilāl al-Mūṣilī al-Tamīmī (210–307 AH/825–919), *al-Musnad*, Damascus, Syria : Dār al-Maʾmūn li al-Turāth, 1404 AH/1984 CE.

al-Zurqānī, Abū ʿAbd Allāh Muhammad b. ʿAbd al-Bāqī b. Yūsuf b. Aḥmad b. ʿAlwān Egyptian al-Azharī al-Mālikī (1055–1122 AH/1645–1710 CE), *Sharḥ al-Mawāhib al-Ladunniyya biʾl-Minaḥ al-Muḥammadiyya*, Beirut, Lebanon : Dār al-Kutub al-ʿIlmiyya, 1417 AH/1996 CE.